虚無レシピ

リュウジ

sanctuarybooks

虚無レシピとは
極限まで無駄を省いたレシピである。

限られた材料と
限られた時間で

どれだけ手間をかけず
どれだけ対価を払わず

ウマいもんを食うか。

これは「現代の錬金術」であり
「究極のサバイバル飯」でもある。

「虚無」には
3つの意味がある。

①材料が虚無でも作れる。

家にいつもたくさん食材があるわけじゃない。
冷蔵庫が空っぽだけど、
買い物に行きたくない日もある。

それでも、食べていかねばならないわけで。

「具がなくても、ここまでできる」ってのを
極限まで突き詰めたのが「虚無レシピ」。

ほぼ調味料だけで作れるのに、
「ほんとに具なし?」とびっくりするウマさ。

もちろん、ここに自由に好きな具材を入れてもOK。
アレンジ無限大。そんなレシピ。

玉ねぎをいっさい使わない
トマトパスタ

□材料が（ほぼ）調味料のみ！
□使う食材は、多くても1〜2品

②心が虚無でも作れる。

なんだかうまくいかなかった日、
どうしてもやる気が出ない日、
死ぬほど酒を飲んだ翌日……。
「今日は、もう無理」ってなるときは誰にだってある。
それでも、食べていかねばならないわけで。
そんな日は「頑張るのも最低限でいいじゃん」ってのを
極限まで突き詰めたのが「虚無レシピ」。
パックごはんだって立派な自炊だし、
フライパンからそのまま食べる日があってもいいはず。
意識低いとか、邪道と言われようが、ウマいもんはウマい。
味が見た目にまったく比例しない。そんなレシピ。

のっけるだけ！
こういうのも立派な自炊です。

□（ほぼ）数分で完成
□洗い物も最低限

③財布が虚無でも作れる。

世の中、値上げラッシュで、物価は上がる一方。
給料日前は、特にお財布がさみしい。
それでも、食べていかねばならないわけで。
できるだけ節約したい。
でも、少しでもウマいもんを食いたい。
「安い食材を、調味料と調理法でウマくする」ってのを
極限まで突き詰めたのが「虚無レシピ」。
ときには、意外な食材の
「え?　お前、こんなウマかったん?」っていう
新たな一面にもびっくりするはず。
全然ひもじい感じがしなくて、
なんなら味は貴族級。そんなレシピ。

エビ使ってないのに
エビマヨ

□（ほぼ）1食 100 円以下

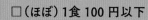

はじめに

あるじゃないですか。
「今日はもう何もできない」とか、
「二日酔いで死ぬー」とか。
ああああ、虚無……って日。

でも、どんなに虚無でも、腹は減るんですよね。
人は、食べないと生きていけない。

……というわけで、

「いかに少ない材料と手間で、いかにウマイものを作るか」
を、極限まで突き詰めたのが、この本です。

中には、「これ、料理って呼んでいいの？」
っていうものもあるかもしれません。

でも、いいじゃないですか。たまにはこういうのだって。
虚無なときこそ、ウマいもん食いたいじゃないですか。

華やかなだけが料理じゃないです。

「食べる」って、日常であり、生きること。

いつも料理にたくさん時間をかけられるわけじゃないし、
そもそも「手間をかけたから、必ずおいしい」というわけでもない。

「今あるもので、おいしくする」のも、
忙しい日々を生きていく上で、大事なスキルだと思います。

加えて、とても大事なことが1つ。
虚無レシピは、**食材や工程をギリギリまで削ぎ落とした**
究極の「引き算レシピ」です。
逆に言えば、**何を足してもアレンジ自在ということ。**

見た目は全然映えません。
でも、味はまったく虚無ではないのでご安心を。

ぶっちゃけ、俺（あ、俺じゃなくて酔っ払いの料理研究家）が出
している「至高シリーズ」よりウマいかも、と思うものもあります。
むしろウマすぎて、虚無が解けます。

というわけで、何が言いたいかというと、

日本中の虚無な奴らを、虚無な俺が救いたい。以上。

虚無おじさんこと、リュウジ

虚無に捧げる3か条

その1 ウマさのみに固執しろ。

「手間ひまかけたらおいしい」は幻想だ。
生きるための飯なら、結果的にウマければいい。
どんな手を使ってもいい。ウマさだけに固執しろ。

その2 アレンジ推奨。

虚無レシピは、アレンジ推奨だ。
調味料だけで「味のベース」を作るから
そこに余っている野菜や肉を入れれば、
「ちゃんとした料理」にすぐ昇格するし、
いくらでも応用がきく。
だから、「自分好みの虚無」を見つけてほしい。
決められたレール通り歩むな。好きにやれ。

その3 本当に虚無なときは、作るな。

この本は、ありとあらゆる虚無に対応している。
でも、もし虚無を通り越して「無」になったら、
無理に作るな。コンビニや外食を頼れ。

これさえあれば、すぐに虚無になれる！

よく使う調味料リスト

虚無を極めるには、調味料はあればあるだけいい。中には少し特殊なものもあるが賞味期限も長いので、これを機に買ってみてほしい。（　）内は俺が使っているものです。

虚無の必需品

□砂糖（上白糖）
□塩（食卓塩）
□酢（穀物酢）
□醤油（濃口）
□みそ（合わせみそ・だし無添加のもの）
□酒（清酒）
※料理酒は塩分が入っているのでおすすめしません
□みりん（本みりん）
□めんつゆ（3倍濃縮タイプ）
□ヤマサの「これ！うま!!つゆ」
□白だし（ヤマキの「割烹白だし」）
※塩分10％のもの。製品によって塩分が異なるので調整してください
□サラダ油
□ごま油
□オリーブ油
□ラード
□バター（有塩）
□味の素
□鶏ガラスープの素（顆粒）
□コンソメ（顆粒）
□黒胡椒
□オイスターソース
□にんにく

仕上げや味変で、虚無が華やぐ

□小ねぎ
□刻みのり
□いりごま
□乾燥パセリ
□ラー油
□タバスコ

さらに虚無を極められる

□ナツメグ
□ナンプラー
□コチュジャン
□豆板醤（ユウキの「四川豆板醤」）
※製品によって塩分が異なるので、食塩相当量を見て調整してください

代用ＯＫの調味料

・にんにく／しょうが→ チューブ
（香りが全然違うので、できれば生がおすすめ）
・ラード／牛脂 → サラダ油
・「かつおぶしをレンチン」→かつお粉

商品名があるもの
・「創味シャンタン」→ 鶏ガラスープの素
・「これ！うま!!つゆ」→ 白だし
・「アジシオ」→ 塩＋味の素

買っても余らせるのではと心配な方へ。使えるレシピをたくさん公開しています。バズレシピ.comに調味料の名前を入れて検索してみてください。

本書の使い方

大さじ 小さじ
大さじ1は15cc、小さじ1は5cc

火加減
指定がなければ中火
(ご家庭のコンロにより火力が異なるので、レシピの火加減と加熱時間を目安に調整して)

調理工程
野菜を洗う、皮を剥く、などは省略しています。
切り方に指定がなければ、自分が食べやすいように切って。

料理用語
少々：とりあえず気持ち入れろ
ひとつまみ：指3本でつまんで入れろ
適量：自分がウマいと思うまで入れろ

味つけ
俺は酒飲みなので、基本濃いめです。
好みと違う場合は、塩分が強い調味料は調整して。

電子レンジ
本書は600Wの場合 (500Wの場合は1.2倍に)

チューブにんにく／しょうがの計量

にんにく		しょうが	
生	チューブ	生	チューブ
1/2かけ	小さじ1/2	5g	小さじ1
1かけ	小さじ1	10g	小さじ2
2かけ	小さじ2	15g	大さじ1

虚無メーター
「虚無」には3つの意味がある。自分の虚無に応じて選べ。

材料★★★ (使う食材が少ない)
心★★★ (工程が少ない)
財布★★★ (金額が安い)

＋αアレンジ
俺だったらこれを入れるけど、正解はないので好きにしろ。

レシピ動画を見られるQRコード
各章の最後に、リュウジのYouTube動画のQRコードあり。
びっくりしないでください。

味の素 (うま味調味料) の使い方
「うま味」とは、基本の5味(甘味・酸味・塩味・苦味・うま味)のひとつ。
たとえば昆布に含まれる「グルタミン酸」などがある。
塩味が欲しいときは塩、甘味が欲しいときは砂糖、というように、うま味が欲しいときに、素材を活かす調味料の1つとして使える。

虚無な奴らもこれだけは覚えておけ

[基本編]

計量スプーンは、サラサラしたものを先に量れ。

虚無レシピは、調味料をたくさん使う。

レシピで特に指定がない場合、計量スプーンはサラサラしたもの（砂糖や塩など）から先に量れ。粘度のあるオイスターソースや、パックから直接取り出すみそは後にしろ。

これなら計量スプーンをいちいち洗わず1本で済むからだ。

しなくていい苦労はしない。これ虚無の鉄則。

「かつおぶし」と「味の素」は常備しろ。

虚無レシピは、「かつおぶしの粉」をよく作る。

かつおぶしに含まれる「イノシン酸」と味の素の「グルタミン酸」、この2つのうま味の相乗効果で、まるでだしをとったようなウマさが出るからだ。

料理は科学。これ虚無の常識。


〜「かつおぶしの粉」の作り方〜
①かつおぶしを耐熱容器に入れて、ラップをせずにレンジで40 〜 50秒加熱する。
②手で揉んで、粉状にする。

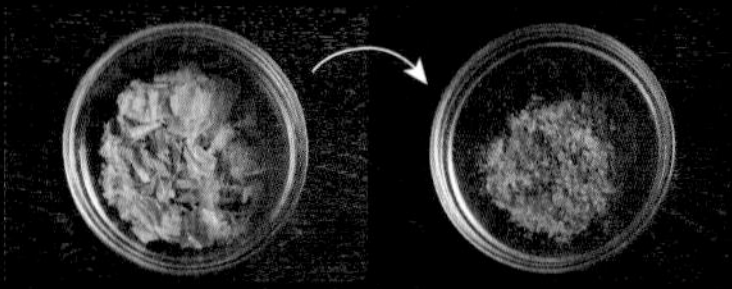

（チンすらめんどい！という人は、そのまま使える「リュウジの本気鰹粉」を作ったので、チェックしてみてください）

余った卵白はスープにしろ。

虚無レシピは、とりあえず卵黄トッピングしとけ、ってやつも多い。

じゃあ余った卵白はどうするんだ、というと、俺は飲む。

が、真似しづらいと思うので、スープにするのがおすすめ。

食材はいっさい無駄にしない。それが真の虚無だ。


〜卵白スープの作り方〜
①器に、卵白、鶏ガラスープの素（小さじ1）、水（150cc）を入れる。
②レンジで２分加熱する。

［パスタ編］

虚無に金棒。「ワンパンパスタ」をマスターせよ。

虚無レシピは、フライパン1つで作る「ワンパンパスタ」がよく登場する。
「ラク」と「ウマい」を兼ね備えた、虚無必須の技なのでマスターせよ。

＜ワンパンパスタのここがすごい＞
・「パスタをゆでる」と「ソースを作る」が、フライパン1つでできる！
・パスタの小麦が溶けこんでソースの濃度が濃くなり、味に一体感が出る！
・フライパン1つでいいので、洗い物が少ない＆エコ！
・つまり、虚無の強い味方！

＜ワンパンパスタのコツ＞
◎パスタ麺の選び方
麺はツルツルしたタイプを選ぶ（「マ・マー」や「バリラ」など）

◎2人前のとき
・水の量は1.6倍、それ以外の分量はすべて2倍にする
・少し大きめのフライパンを使う

◎パスタの入れ方

①パスタを束の状態で、フライパンに入れる。
②だんだん麺の先がやわらかくなってくるので、上からゆっくりぐーっと押していく。
③静かに手を離す。

◎ソースの水分の調整方法
ワンパンで唯一むずかしいのが、ソースの水分調整。
基本は、パスタの表示時間の1分前に、
煮汁の水分が「大さじ1」になるのがベスト。

～残り1分で調整する～
・水分が多い場合→強火で飛ばす
・水分が足りない場合→水を足す

（使用するフライパンや火加減によっても多少変わります。
動画で解説しているので、見ながら練習してみてください）

この感覚さえつかめば、
いつでも虚無になれる

目次 CONTENTS

プロローグ—2

はじめに—6

虚無に捧げる3か条—7

これさえあれば、すぐに虚無になれる！

よく使う調味料リスト—8

本書の使い方—9

虚無な奴らもこれだけは覚えとけ—10

1章 虚無の代表作。人気ベスト10

このタレ、絶対に覚えといてください。

虚無そうめん—18

この焼き方で、「サバ缶味」じゃなくなります。

サバ缶だけ丼—20

米と卵だけで、まるで高級海鮮炒飯の味。

虚無炒飯—22

最速最短！具なしでバカウマ。

虚無油そば—23

極限まで削ぎ落としたら、至高を超えました。

虚無ボナーラ—24

ケチャップだけなのに、まじでナポリタン。

虚無リタン—26

卵も玉ねぎもパン粉も使わない、衝撃の問題作です。

虚無バーグ—28

突き詰めたら、卵とケチャップだけでOKでした。

虚無ライス—30

神です。特に言うことはありません。

虚無ペペロンチーノ—32

料理研究家が出す飯じゃねえ。でもこういうのがいいんだよ。

虚無ごはん—33

コラム

これは、独身男性のドキュメンタリーです—34

2章 真の虚無はここだけ読め。ガチ虚無飯

やる気0パーセントでも作れます。

虚無丼—36

この飯を楽しめる奴が最強。

虚無ベーコンエッグ丼—37

見た目最悪、味最高。

虚無ガーリックライス—38

もう、お好み焼きです。

虚無トースト—39

悟り料理です。みなさんも悟ってください。

虚無パスタ2—40

「なんでもめんつゆ」じゃ飽きちゃうので。

虚無塩うどん—41

何がすごいって、1分でだしとったのと同じ味。

虚無みそ汁—41

ツナ缶の中に調味料ぶちこむだけです。

虚無ツナごはん—42

たった10分なのに、1日煮込んだような味わい。

虚無めし—42

油揚げのポテンシャルが神だった件。

虚無きつねごはん—43

笑っちゃうくらいズボラな飯。

虚無たまご豆腐丼—43

コラム

グルメってもっと自由でいいと思う—44

3章 虚無に見えない主役級。おかず

安い肉ってこと忘れます。

虚無ステーキ—46

賞味期限の長いコイツが最強。

虚無肉じゃが—48

「鶏肉じゃなくてよかったんだ…」ってなるやつ。

虚無唐揚げ—49

安い豚こま肉が大変身します。
虚無肉豆腐―50

これが「焼肉のタレ」の最強の使い方。
虚無豚キム―51

俺の貧乏を支えた最強の独身飯。
貧乏人のプルコギ―52

たった数分で、市販の素を超える味です。
虚無麻婆―53

八宝菜ならぬ「一宝菜」。
虚無宝菜―54

ごはんを5合、用意しておいてください。
キャベツの飯泥棒炒め―55

エビ、使ってないんです。
虚無エビマヨ―56

下処理いらず。味は本格派。
虚無エビチリ―57

木綿豆腐が肉よりうまくなる食い方。
豆腐の照り焼きステーキ―58

レンチンです。巻きません。
虚無卵焼き―59

コラム
手間ひまかけるのが正解なのか―60

4章 虚無を忘れる満足感。 ごはん&丼

虚無感ゼロ、衝撃のとろふわ。
虚無天津飯―62

これが料理研究家、本気のジャンク飯。
虚無焼き飯―64

石で焼いたのかと思った。
虚無ビビンバ―65

いつも微妙に余ってしまう牛乳に捧げるレシピ。
虚無ドリア―66

もう「面倒くさい」とは言わせません。
虚無グラタン―67

もはや、店です。
虚無リゾット―68

調味料ぶちこむだけ。具なしでこのコクはやべえ。
虚無カレー―69

ルーもデミグラス缶もいらねえ。
秒殺ハヤシライス―70

とろとろ禁断の味を体験せよ。
悪魔のたまご丼―71

ぜったいに深夜に食べたくなる味。
納豆バター醤油ピラフ―72

焼き鳥缶で作る、極上の甘辛タレ。
虚無鶏めし―72

これが納豆で、最も背徳感を味わえる方法。
究極の焼きバター納豆丼―73

もやしで死ぬほど飯が食えます。
虚無もやし丼―73

虚無だけど、ごちそう感を味わいたいとき。
やけくそロコモコ丼―74

カニカマが、「カニ以上」に昇格します。
虚無中華丼―76

台湾の屋台メシが、そっこー食えます。
虚無ルーロー飯―77

俺が月収9万円の時にお世話になったエモ飯。
貧乏人のかまぼこ丼―78

ズボラ飯って呼ぶには、美しすぎじゃね？
合法生ユッケ丼―79

店よりも早い、安い、うまい！
虚無牛丼―80

すた丼的な、ガツンとした味。
虚無豚丼―81

コラム
計量をしっかりしてほしい理由―82

5章 虚無なのに味は店。 麺類

市販のソース買うのがバカらしくなる。
虚無トマトパスタ——84

トマトジュースで、作れちゃいました。
虚無ミートソース——86

チーズと黒胡椒で、貴族になってください。
カッチョエペペ——87

生クリームもチーズも入ってないのに、ウソみたいに濃厚。
虚無クリームパスタ——88

50円でできる最高のパスタです。
虚無パスタ——89

缶詰だけで、栄養満点なのできちゃった。
サバ缶だけパスタ——90

TKGがあれだけうまいんだから、間違いない。
卵かけパスタ——92

蒲焼って、なんでこんなうめえんだろ。
虚無和風パスタ——93

ツナマヨは、おにぎりだけに許された特権じゃない。
虚無ツナパスタ——94

昔、俺がガチでハマっていた「スパ王」の味でした。
虚無明太パスタ——94

お茶づけ海苔で、この発想はなかった。
虚無パスタ3——95

クノールがあればさらにラクうま。
虚無クリームパスタ2——95

この卵ソースを知ったら、もうめんつゆに戻れません。
貧乏人のそうめん——96

酒にも合う、そうめんチャンプル。
虚無油そうめん——98

冷蔵庫で眠っていたシーフードミックスが蘇る。
まかない海鮮塩そうめん——99

罪深いウマさ。これぞ必殺ズボラ飯。
わさびバター釜玉うどん——100

俺の実家の味を、焼かずにどうぞ。
虚無焼きうどん——101

実は、ラー油とこんなに合うんです。
革命ラー油そば——102

焼いてないのに、この香ばしさ。
虚無焼きそば——103

すぐ始められます。なぜなら材料、中華麺。以上。
虚無冷やし中華——104

ひき肉ないのに、マジで店の味。
虚無担々麺——105

これが、ネギ油の力だ。上海のお母さん直伝。
虚無まぜそば——106

たった数分で、店のスープになります。
虚無ラーメン——107

和風だしがきいています。
虚無カレーうどん——108

器の中で作って、そのまま食えます。
虚無ラー油そうめん——108

これ以上の背徳感は、ないと思う。
虚無味噌油そば——109

さっぱり、だけどパンチのきいた味。
虚無塩油そば——109

コラム
1000皿カルボナーラを作った俺の到達点——110

6章 虚無でもたまには野菜を食え。 副菜

噛むとジュワッ。中とろっとろ。
本当においしいなすの油煮——112

こういう食べ方があったのか!って感動するやつ。
サクサク塩ブロッコリー——113

俺の大根料理で、一番ウマいです。
無限サクサク大根——114

1袋が秒で消えます。「ゆでない」のがイタリア流。
ほうれん草のくたくた——115
レンチンだけでやさしい味。
虚無塩きんぴら——116
包丁すら使いません。
虚無ピーマン——116
みんな大好き、チョレギ的なうまさ。
無限海苔塩レタス——117
これ、居酒屋においてほしい。
合法アボカド漬け——117
ふかして混ぜただけなのに、市販の5倍うまい。
虚無ポテサラ——118
ゆで卵、わざわざ作らなくていいです。
虚無スパサラ——119
マヨとケチャップで、この味になると覚えておけ。
虚無マカロニサラダ——120
下ゆで不要、ぶちこむだけ。
虚無チャプチェ——120
中華料理店でも使われる手法です。
虚無もやし——121
物価高を救う、究極の常備菜。
無限もやし漬け——121
ゆでるな、炒めろ。新感覚の中華。
無限オクラ炒め——122
鍋以外に、この手があるんです。
無限白菜——122
俺の大好きな食べ方。
無限小松菜納豆——123
ピリッと感がたまらない。
きゅうりの山椒漬け——123
コラム
虚無ばっか食ってると死ぬぞ——124

7章 虚無な日こそ酔いしれたい。おつまみ

罪悪感ゼロ。なんなら普通のチヂミよりウマい。
虚無チヂミ——126
超ヘルシー！おつまみ界のピザ。
酒消滅ちくわ——128
このビジュアルでウマくないわけがない。
卵のアヒージョ——129
漬け時間なし。食感、ほぼ肉。
えのきの合法唐揚げ——130
肉入ってないのに、肉の香りします。
虚無ナゲット——131
ほんとに厚揚げ？ってビビるやつ。
厚揚げのガーリックステーキ——132
これを包む手があったか。
シャウエッセン餃子——132
ピリ辛がクセになる。
ペペロンチーノ餃子——133
ぜったいみんな大好きな味。
餃子のピザ風——133
このラクさは反則だろ。
虚無ガーリックシュリンプ——134
これぞ無双おつまみ。
秒殺酒泥棒ユッケ——134
豪快にいっちゃって。
巣ごもりもやし——135
二日酔いの俺を救った、最強の回復飯。
虚無マロニー——135
サラサラが正解です。いいですか、ごはんを洗うんですよ。
虚無雑炊——136
シメに革命がおきました。
生ハムチーズおにぎり——137
コラム
全員から好かれるのは無理です——138

8章 虚無な心を温める。 鍋&スープ

大事なのは、入れる順番だけ。
無限豚えのき――140
キャベツ半玉、余裕です。
超痩せキャベツ鍋――141
二度と鍋つゆ買わなくなる。
虚無鍋――142
肉もアサリもいりません。
虚無スンドゥブ――143
牛肉は高いじゃないですか。
虚無すき焼き――144
この楽しみ方は盲点でした。
虚無すき焼き2――145
なんちゃって四川風。まるで火鍋。
麻辣餃子スープ――146
「手がこんでる風」が一瞬で。
焦がしピーマンのポトフ――147
中華料理店で炒飯頼むと必ずついてくるあれ。
虚無スープ――148
甘いコーンとふわふわ卵がたまらない。
中華風コーンスープ――149
ツバ飲み込むほどウマいです。
虚無クッパ――150
レンチンでふわふわ。
虚無茶碗蒸し――150
ホッとするやさしい味。
トマ玉スープ――151
「痩せメシ感」ゼロです。
ブロッコリーの痩せポタージュ――151
コラム
準備から、虚無は始まっている――152

9章 虚無をとことん甘やかす。 スイーツ

浸さないで、この高級感。
虚無フレンチトースト――154
この生地は、発明だと思う。
虚無クレープアイス――155
潰すだけならできるでしょ。
虚無パイプリン――155
コラム
虚無に満足できなくなったら――156
おわりに――157

1章

虚無の代表作。

人気ベスト10

みんなが大好きなあのメニューが
まさかの具なしで作れます。
虚無だって、ウマいもんは食える。
この衝撃を体験せよ。

このタレ、
絶対に覚えといてください。

虚無そうめん

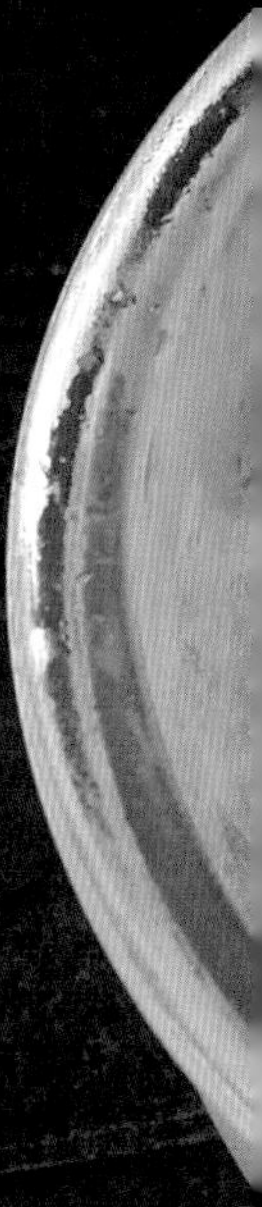

1 かつおぶしを耐熱容器に入れる。ラップをせずにレンジで50秒加熱し、揉んで粉にする。

2 1にAを加えてよく混ぜ、冷蔵庫で冷やしておく。

3 沸騰した湯（分量外）でそうめんをゆでる。ザルにあげて流水で洗ったら、氷水で冷やし、水気をよーく絞る。

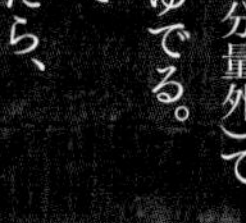

必ず氷水で、
手が冷たく
なるまで！

4 2と和え、卵黄をのせる。

ポイント
ボウルに氷水を用意しておく

ボウルのままでいいです。
味変わんねえから。

材料（1人分）

手延べそうめん
…100g
（揖保乃糸が
おすすめ）
かつおぶし…1g
卵黄…1こ

Ⓐ
鶏ガラスープの素（顆粒）…小さじ1
オイスターソース…小さじ2/3
醤油…小さじ2/3
砂糖…ふたつまみ
酢…小さじ1/2
水…小さじ2
オリーブ油…大さじ1
にんにく（おろし）…少々

虚無メーター
材料 ★★★
心 ★★☆
財布 ★★★

＋αアレンジ
味変でラー油、
黒胡椒、
マヨネーズ

＋α豆知識
〜手延べ以外のそうめんを使う場合〜
ゆでるときに酢（お湯1ℓに対して小さじ2〜3）を入れると、コシが出る

この焼き方で、
「サバ缶味」じゃなくなります。

サバ缶だけ丼

材料（1人分）

サバ缶だけ丼
ごはん…200g
サバ缶（水煮）…1缶

オリーブ油…大さじ1
鷹の爪（輪切り）…好みで
にんにく（おろし）…1かけ
味の素…5ふり
醤油…大さじ1

サバ缶汁のみそ汁
サバ缶の汁…1缶分
みそ…小さじ1と1/2
味の素…1ふり
湯…120cc

仕上げ（あれば）
小ねぎ…好みで

虚無メーター

材料	★★☆
心	★★☆
財布	★★☆

＋αアレンジ
サバ缶だけ丼
・キャベツを敷く
サバ缶汁のみそ汁
・追加でワカメ

1

フライパンに、オリーブ油と
サバ缶の身だけ入れて火にかける。
（汁はとっておく）

2

サバの身を半分にさき、
好みで鷹の爪を入れて、
ひっくり返しながら全体を焼く。

3

にんにくと味の素を加えて混ぜる。
火を止め、醤油を入れたら、ごはんにのせる。

サバ缶汁のみそ汁

お椀に、とっておいたサバ缶の汁、
みそ、味の素、湯を入れてよく混ぜる。

ポイント

焼くことで
臭みが抜けて、
香ばしくなる！

パックご飯でもいいです。
洗い物したくないんで。

米と卵だけで、まるで高級海鮮炒飯の味。

虚無炒飯

1 ボウルに卵1ことAを入れて、よく溶く。

2 別のボウルにもう1この卵を溶き、ごはんを加えてよく混ぜる。

1の卵は具になる(右)
2の卵はコーティングの役割(左)

3 フライパンにラードをよーく熱し、1を入れて手早く混ぜたら、すぐに2を入れて、混ぜ合わせる。

4 Bを入れてパラッとするまで炒めたら最後に酒を加えてサッと炒める。

ポイント

パラパラにするコツは大きめのフライパンで多めの油をよく熱する

この炒飯のためだけにナンプラー買う価値あり。

材料（1人分）

ごはん…200g
卵…2こ

ラード…大さじ2
酒…大さじ1

A
ナンプラー…大さじ1/2
味の素…3ふり

B
ナンプラー…小さじ1
オイスターソース…小さじ1/2
味の素…4ふり
黒胡椒…思ってる3倍

虚無メーター

材料 ★★★
心 ★★☆
財布 ★★★

＋αアレンジ
味変でラー油、ごま油

最速最短！
具なしでバカウマ。

虚無油そば

1 かつおぶしを耐熱容器に入れる。ラップをせずにレンジで40秒加熱し、揉んで粉にする。

2 1に焼きそば麺、Aを入れてラップをし、レンジで2分20秒加熱する。

3 全体を混ぜ、仕上げに卵黄をのせる。

カップ焼きそばにしたら
バカ売れしそうな味。

材料（1人分）

焼きそば麺
…1袋（150g）
かつおぶし…2g
卵黄…1こ

Ⓐ
にんにく（おろし）…1/3かけ
醤油…小さじ2
オイスターソース…小さじ2
みりん…小さじ1と1/2
ラード（サラダ油でも可）…小さじ2
ごま油…小さじ1
味の素…3ふり

虚無メーター

材料	★★★
心	★★★
財布	★★★

＋αアレンジ

- 好みでいりごま、小ねぎ、ラー油
- 味変でマヨネーズ、黒胡椒

極限まで削ぎ落としたら、
至高を超えました。

虚無ボナーラ

千皿以上の
カルボナーラを
作ったけど、結論、
「ピザ用チーズ」が
最強でした。

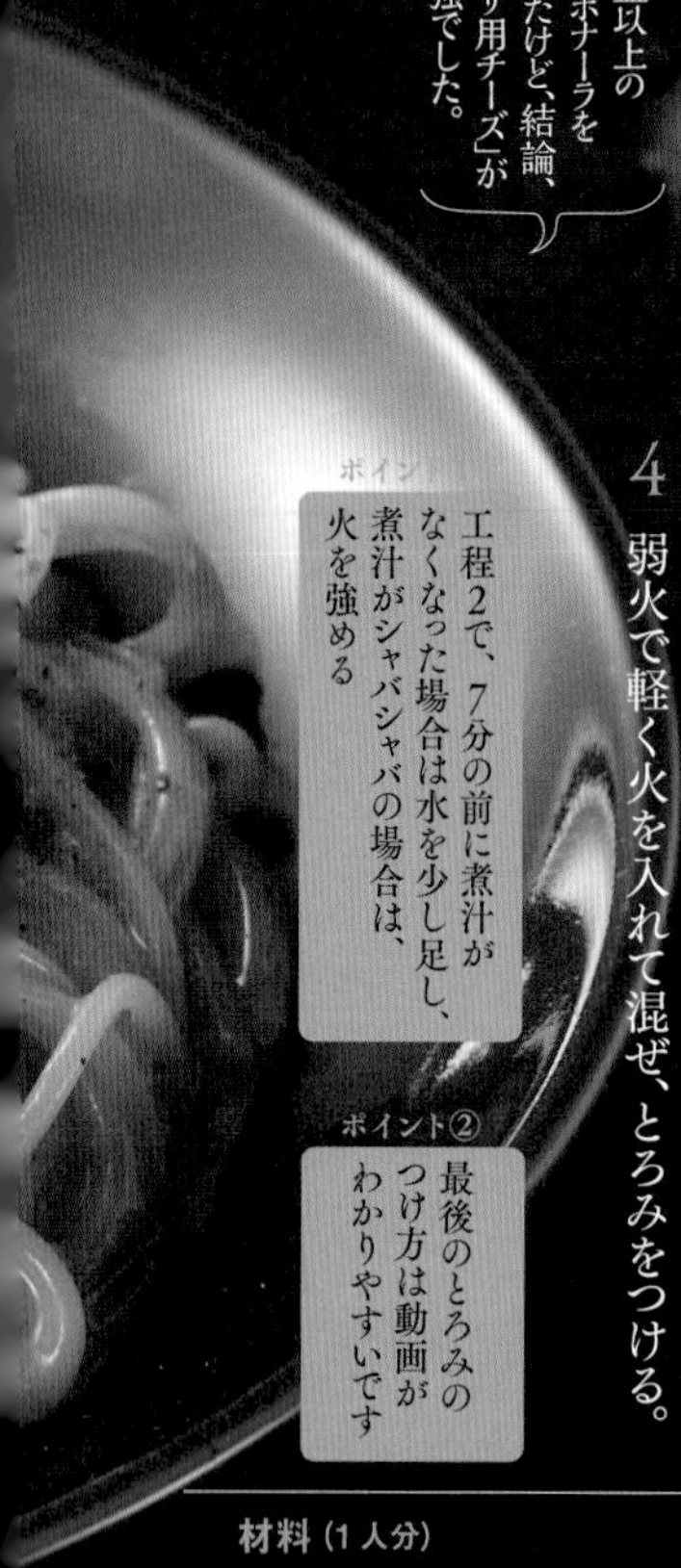

1 ボウルに卵を割り入れ、Aを加えてよく混ぜておく。

2 フライパンに水とBを入れて沸かし、パスタを入れて約7分ゆでる。

3 ゆで汁が大さじ1くらいになったら火を止める。フライパンをふって温度を少し下げ、オリーブ油と1を入れて混ぜる。

4 弱火で軽く火を入れて混ぜ、とろみをつける。

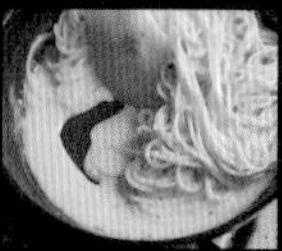

ソースにとろみが
つくまで！

ポイン

工程2で、7分の前に煮汁がなくなった場合は水を少し足し、煮汁がシャバシャバの場合は、火を強める

ポイント②

最後のとろみのつけ方は動画がわかりやすいです

材料（1人分）

パスタ（1.6mm）…100g
卵…1こ

水…350cc
オリーブ油…大さじ1

Ⓐ
ピザ用チーズ…35g
黒胡椒…ひとつまみ

Ⓑ
コンソメ（顆粒）
…小さじ1/2
塩…ひとつまみ

仕上げ
黒胡椒…少々

虚無メーター

材料	★★★
心	★☆☆
財布	★★★

＋αアレンジ
追加でベーコン

ケチャップだけなのに、
まじでナポリタン。

虚無リタン

1 フライパンに油を熱し、半熟の目玉焼きを作り、取り出す。

2 鍋にお湯と塩分濃度1％の塩を入れて沸かし（分量外）、パスタを表示より1分短くゆでる。

3 1のフライパンに再び油を熱し、ケチャップを入れてペースト状になるまで炒めたら火を止める。

4 3に、2と少しのゆで汁を加え、火にかけて全体を混ぜる。器に盛り、1をのせる。

ポイント
塩分濃度1％の目安は味見してスープくらい！

この原型さえ覚えておけば、もうパスタソースいらないです。

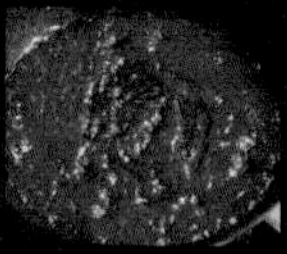

ジャムのように
ペタッとするまで！

材料（1人分）

パスタ（1.6mm）…100g

ケチャップ…大さじ3
サラダ油…大さじ1

目玉焼き用
卵…1こ
サラダ油…小さじ2

仕上げ
粉チーズ…好みで

虚無メーター

材料 ★★★
心 ★☆☆
財布 ★★★

＋αアレンジ
追加できのこ、ピーマン、魚肉ソーセージ、ベーコンなど

卵も玉ねぎもパン粉も使わない
衝撃の問題作です。

虚無バーグ

1
ボウルを2つ用意し60gずつ合びき肉を入れる。（肉は冷蔵庫から出したてのものを使うこと）

2
片方のボウルにAを加えてよくこねる。（もう片方の肉はこねない）

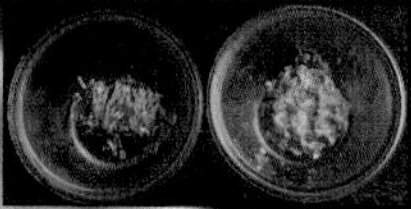
こねるのは半分だけ！（右）

肉はこねるほど食感がなくなるので「半分こねて、半分こねない」が、ジューシーな食感を作るコツ。

3
分けていた肉を合わせてざっくり混ぜ、空気を抜きながら形を作る。

肉が温まってしまったら、この状態で冷蔵庫で冷やしておく

4
フライパンに油を熱し、肉の真ん中をへこませてから入れる。フタをして弱火で約3分焼いたら、ひっくり返してさらに約3分焼き、取り出す。

5
4の空のフライパンにBを入れて煮詰め、ハンバーグにかける。

ポイント
焼くときは、中まで火が通っているか必ず確認！ 竹串等を刺して、透明な肉汁が出たらOK にごった肉汁が出たらもう少し焼く

材料（1人分）
合びき肉…120g
サラダ油…大さじ1/2

Ⓐ
塩…小さじ1/5
片栗粉…小さじ1弱
黒胡椒…適量
ナツメグ（あれば）…3ふり
水…大さじ1

Ⓑ
（ソース）
醤油…小さじ2
みりん…小さじ2
酒…小さじ2
にんにく（おろし）…1/3かけ
味の素…2ふり

虚無メーター
材料 ★★☆
心 ☆☆☆
財布 ★★☆

＋αアレンジ
ごはんにのっけても◎

突き詰めたら
卵とケチャップだけでOKでした。

虚無ライス

1
フライパンにAのバターを熱し、ケチャップを入れてよく炒める。ごはん、コンソメを加えてさらに炒め、器に盛る。

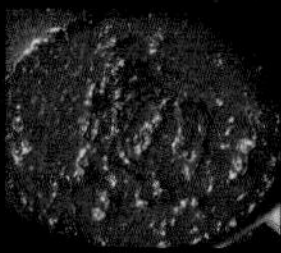

ジャムのように
ペタッとするまで!

2
ボウルに卵を割り入れて溶き、Bの水と塩胡椒を入れて混ぜる。

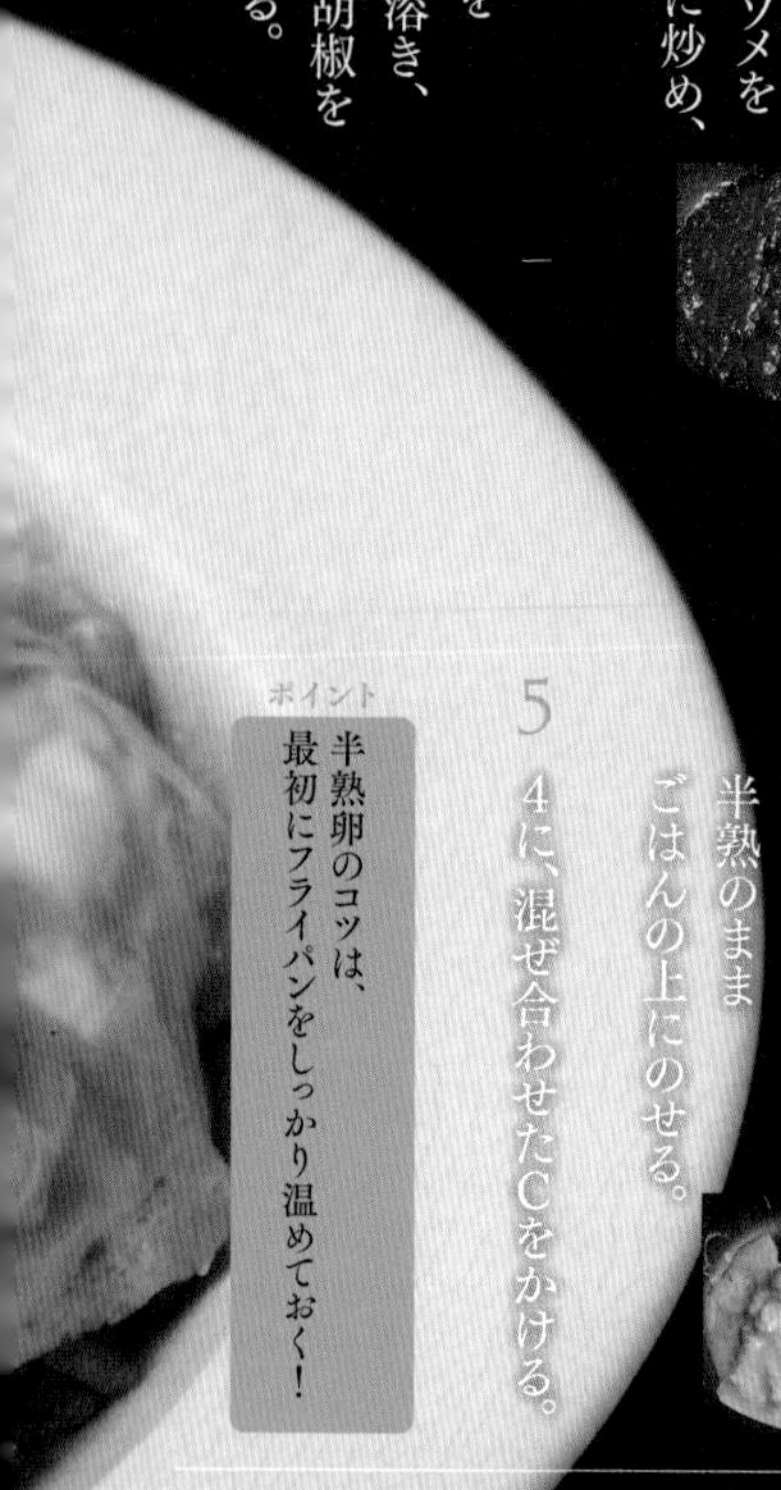

3
1の空のフライパンにBのバターと油を入れて、よーく熱したら中火〜弱火の間にする。2を流し入れて、箸で何回か混ぜる。

卵はひっくり返さなくていいです。何度も言いますが、味同じなんで。

4
外側の固まった部分をヘラで中心に寄せていき半熟のままごはんの上にのせる。

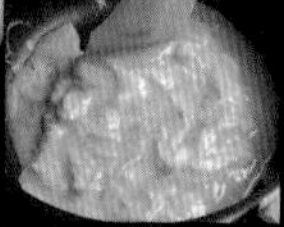

半熟のスクランブルエッグを作る!

5
4に、混ぜ合わせたCをかける。

ポイント
半熟卵のコツは、最初にフライパンをしっかり温めておく!

材料(1人分)
卵…2こ
ごはん…200g

A (ごはん用)
バター…5g
ケチャップ…大さじ3
コンソメ(顆粒)…小さじ1/3

B (卵用)
バター…5g
サラダ油…小さじ1
水…大さじ1
塩胡椒…適量

C (ソース)
ケチャップ
…大さじ1と1/2
ウスターソース
…小さじ1/2

仕上げ
乾燥パセリ…好みで

虚無メーター
材料 ★★★
心 ★☆☆
財布 ★★★

+αアレンジ
納豆をかけても◎

神です。
特に言うことはありません。

虚無ペペロンチーノ

1
パスタを半分に折って耐熱容器に入れる。
水、A、最後にオリーブ油を入れる。

2回に分けて折ると
長さが揃いやすい

2
ラップをせずにレンジで9分加熱する。
仕上げにBを入れて、軽く混ぜる。

電子レンジが勝手に
作ってくれるんで
その間に何かしててください。

材料（1人分）

パスタ（1.4mm）
…100g

水…270cc
オリーブ油…大さじ1

A
にんにく（おろし）…2かけ
鷹の爪（輪切り）…好みで
コンソメ（顆粒）…小さじ1
塩…ひとつまみ

B
（仕上げ）
オリーブ油…小さじ1
塩…好みで

虚無メーター

材料	★★★
心	★★★
財布	★★★

＋αアレンジ
追加でベーコン、きのこ、ほうれん草、シーフードミックスなど

料理研究家が出す飯じゃねえ。
でもこういうのがいいんだよ。

虚無ごはん

1 温めたごはんに味の素をふる。

2 バターをのせ、醤油、かつおぶしをかける。

数少ない母から教わった料理です。

材料（1人分）

ごはん…200g
（炊いたごはんやパックごはんでもOK）
味の素…4ふり
バター…15〜20g
醤油…適量
かつおぶし…適量

虚無メーター

材料	★★★
心	★★★
財布	★★★

＋αアレンジ

味変で黒胡椒、タバスコ

Column

これは、独身男性のドキュメンタリーです

本書の裏テーマは、「独身男性のこじらせ飯」でもある。

俺が料理研究家である前に、ひとりの独身男性として何を食っているか。
そんなドキュメンタリーだ。

そもそも「虚無」の定義は、

・とにかく材料を削ぎ落としたもの
・とにかく節約に徹したもの
・とにかく作り方がやけっぱちなもの

と3つあるけど、
すべてに共通するのは「結局、ウマイ」ってこと。

だから、多少、調理工程が多いものもあるけど、ウマイもん食うためだ。

自分の虚無と相談しながら、試してみてほしい。

YouTube動画一覧

（開きたいQRコード以外は隠しながら、スマホのカメラをかざすと読み込みやすいです）

虚無そうめん　サバ缶だけ丼　虚無炒飯　虚無油そば　虚無ボナーラ

虚無リタン　虚無バーグ　虚無ライス　虚無ペペロンチーノ　虚無ごはん

2章

真の虚無は、ここだけ読め。

ガチ虚無飯

あーもう限界。
そんな日のためのガチ虚無メシ。
ガチだから、見た目はやばい。
でも、こういうのがうまいんだよ。

やる気0パーセントでも作れます。

虚無丼

1 温めたごはんにバターを溶かし、軽く水気を切った豆腐をのせる。

2 1に鮭フレークをのせ、醤油をかける。

ごはん熱いじゃん、
豆腐冷たいでしょ。
かっこめるってレシピ。

材料（1人分）

ごはん…200g
（炊いたごはんや
パックごはんでもOK）
絹豆腐…150g
鮭フレーク
…20g（経済力と相談しながら）
バター…5g
醤油…好みで

虚無メーター

材料	★★☆
心	★★★
財布	★★☆

＋αアレンジ

味変で黒胡椒

この飯を楽しめる奴が最強。

虚無ベーコンエッグ丼

1 温めたごはんに、ハーフベーコンをのせて真ん中をくぼませ、卵を割り入れる。

2 卵黄にフォークなどで穴を開ける。ラップをせずレンジで2分加熱し、Aをかける。

ポイント

卵黄にフォークを刺して、卵爆発を防ぐ

ベーコンの脂がごはんに落ちてウマイ。

材料（1人分）

ごはん…200g
（炊いたごはんやパックごはんでもOK）
ハーフベーコン…4枚
卵…1こ

A
味の素…3ふり
醤油…好みで
黒胡椒…好みで

虚無メーター

材料 ★★☆
心 ★★★
財布 ★★☆

＋αアレンジ

味変でオリーブ油、粉チーズ

見た目最悪、味最高。

虚無ガーリックライス

1 温めたごはんにAをのせる。ラップをして1分20秒加熱し、よく混ぜる。

2 別でソーセージをラップをせず30秒加熱し、1にのせる。

ポイント

ソーセージはレンチンもウマイ

欲望にダイレクトアタック。

材料（1人分）

ごはん…200g
（炊いたごはんやパックごはんでもOK）
ソーセージ…3本

A

にんにく（おろし）…1かけ
バター…10g
味の素…5ふり
醤油…小さじ1
塩…小さじ1/4
黒胡椒…多めに

虚無メーター

材料	★★★
心	★★★
財布	★★★

＋αアレンジ

- 味変でタバスコ
- ソーセージの代用で焼いた肉、シューマイ、餃子なども◎

もう、お好み焼きです。

虚無トースト

1 食パンにマヨネーズをぬり、トースターで焦げ目がつくまで焼く。

2 1にお好み焼きソースをかけ、青のり、かつおぶしをちらす。

ポイント

余ったパンは冷凍保存が◎

多分、この味つけならその辺の草でもウマイです。

材料（1人分）

- 食パン（6枚切り）…1枚
- マヨネーズ…大さじ1と1/2
- お好み焼きソース…好きなだけ
- 青のり…好きなだけ
- かつおぶし…好きなだけ

虚無メーター

材料	★★★
心	★★★
財布	★★★

＋αアレンジ マヨネーズをぬった後にパンを凹ませ、くぼみに卵を割り入れてトーストすると、トロトロ卵になって◎

悟り料理です。
みなさんも悟ってください。

虚無パスタ2

1 鍋にお湯と塩分濃度1%の塩を入れて沸かし(分量外)、パスタを表示通りゆでる。

2 ボウルにA、水気をしっかりと切った1のパスタを入れて混ぜる。

具は甘えなんで。

材料(1人分)

パスタ(1.4mm)…100g

Ⓐ
- バター…10g
- めんつゆ(3倍濃縮)…小さじ4
- わさび…6cm

仕上げ

刻みのり…好みで

虚無メーター

材料	★★★
心	★★★
財布	★★★

+αアレンジ

味変でマヨネーズ

「なんでもめんつゆ」じゃ飽きちゃうので。

虚無塩うどん

1 かつおぶしを耐熱容器に入れる。ラップをせずにレンジで40秒加熱し、揉んで粉にしたら、器にAと一緒に入れる。

2 うどんを表示通りに解凍し、1の器に入れて絡める。

ポイント
オイスターソースは醤油で代用OKだが、甘みがないので砂糖を少々追加

虚無メーター
材料 ★★★
心 ★★★
財布 ★★★

材料（1人分）
冷凍うどん…1玉（200g）
かつおぶし…2g

Ⓐ
水…大さじ1
味の素…4ふり
塩…小さじ1/3
砂糖…小さじ1/4
オイスターソース…小さじ1/2
にんにく（おろし）…1/3かけ
黒胡椒…適量

仕上げ　卵黄…1こ　黒胡椒…適量

＋αアレンジ　味変で、酢やレモン

何がすごいって、1分でだしとったのと同じ味。

虚無みそ汁

1 お椀にかつおぶしを入れる。

2 1にみそとAを入れ、よく溶かす。

味が深すぎて、インスタントより、断然こっちがいい。

虚無メーター
材料 ★★★
心 ★★★
財布 ★★★

材料（1人分）
みそ…大さじ1/2
かつおぶし…3g

Ⓐ
味の素…2ふり
小ねぎ…好みで
湯…150cc

＋αアレンジ　追加でワカメ、梅干し、刻んだ油揚げなど

ツナ缶の中に調味料ぶちこむだけです。

虚無ツナごはん

1 ツナ缶にAを入れてよく混ぜる。

2 1を丸ごと、温めたごはんにのせる。

ツナ缶の何がウマいって油。

虚無メーター
材料 ★★★
心 ★★★
財布 ★★★

材料（1人分）
ごはん…200g
ツナ缶…1缶

Ⓐ

醤油…小さじ1/2	砂糖…ひとつまみ
オイスターソース…小さじ1	にんにく(おろし)…1/2かけ
味の素…4ふり	黒胡椒…適量
塩…ひとつまみ	ごま油…小さじ1

＋αアレンジ 味変で七味

たった10分なのに、1日煮込んだような味わい。

虚無めし

1 小鍋に豆腐とAを入れて沸かし、フタをして弱火で5分煮る。

2 火を止めてフタを取り、5分冷まし、温めたごはんにのせる。

ポイント
お好みで残っている煮汁をかけると◎

「とうめし」っていう料理の簡易版。本家は何時間も煮込むそうです。

虚無メーター
材料 ★★★
心 ★★☆
財布 ★★★

材料（1人分）
ごはん…200g
木綿豆腐（6等分に切る）…1/2丁（175g）

Ⓐ

砂糖…小さじ1と1/3	みりん…大さじ1と1/2
醤油…大さじ1	かつおぶし…1g
白だし…小さじ2	味の素…1ふり
酒…大さじ1	

＋αアレンジ 味変で、山椒やわさび

油揚げのポテンシャルが
神だった件。

虚無きつねごはん

1 小さめのフライパンに油揚げとAを入れて沸かし、ひっくり返す。弱火でフタをして5分煮る。

2 火を止めて油揚げをもう一度ひっくり返し、残った煮汁を吸わせ、温めたごはんにのせる。

油揚げだけで
ガシガシ飯食えるって
すごくない？

虚無メーター
材料 ★★★
心 ★★☆
財布 ★★★

材料（1人分）
ごはん…200g
油揚げ（半分に切る）…2枚

Ⓐ
水…100cc
醤油…大さじ1
みりん…大さじ3
味の素…2ふり
かつおぶし…1g

+αアレンジ 味変で七味

笑っちゃうくらい
ズボラな飯。

虚無たまご豆腐丼

1 温めたごはんにかつおぶしをのせ、味の素をかける。

2 1にたまご豆腐をのせ、付属のタレ、わさび、醤油をかける。

いろんな
調味料かけて
味変するのが好きっす。

虚無メーター
材料 ★★★
心 ★★★
財布 ★★★

材料（1人分）
ごはん…200g
たまご豆腐（タレ付き）…1こ（65g）
かつおぶし…適量
味の素…2ふり
わさび…適量
醤油…適量

+αアレンジ 味変でオリーブ油、黒胡椒、ラー油、酢など

Column

グルメってもっと自由でいいと思う

月収９万円だった頃、
本当にカネがなくていろんな貧乏飯を作っていた。

人からは「よくそんなの食べられるね」と笑われたこともある。

でも、こういう飯を楽しめない人間に俺はなりたくないんだ。

今は料理研究家になって、
勉強のためにちょっといいお店に行く機会も増えたけど、

いまだに、味の素ガンガン入れた納豆ごはんが
世界で1番ウマいと思ったりもする。

真のグルメとは、

高級店だからとか、高級食材だからとかってことではなく、
贅沢飯も、ズボラ飯も「おいしい」って笑って食える、

その心の豊かさが、グルメなんじゃないですかね。

YouTube 動画一覧

虚無丼
虚無ベーコンエッグ丼
虚無ガーリックライス
虚無トースト
虚無パスタ2
虚無塩うどん
虚無みそ汁
虚無ツナごはん
虚無めし
虚無きつねごはん
虚無たまご豆腐丼

3章

虚無に見えない主役級。

おかず

これひとつで主役の完成。
食材はなんちゃってだけど
白米が消えるウマさ。
普段使いにもいけます。

安い肉ってこと忘れます。

虚無ステーキ

ひき肉だって、立派なステーキになれるんです。

1

豚ひき肉をパックのまま、上から手で押し固める。塩胡椒をし、ひっくり返したらもう片面も押し固めて塩胡椒をし、冷蔵庫に入れて冷やしておく。

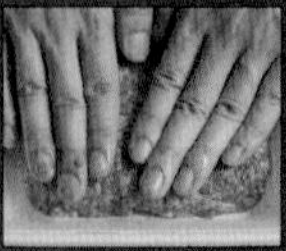

押すだけ！こねると硬くなってしまうので×

2

にんにくを少し厚めにスライスする。フライパンに油を熱し、にんにくを色づくまで炒めたら、取り出す。

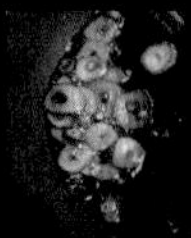

取り出すとき、油は入れないように！

3

2の空のフライパンに1を入れて焼く。焼き目がついたら裏返し、さらに焼く。

4

両面に焼き色がついたら弱火にする。フタをして、適度にひっくり返しながら、中に火が通るまで焼き、器に盛る。

5

4の空のフライパンにAを入れて好みの濃度まで煮詰めたら、肉にかけ、2をのせる。

ポイント

肉が焼けたか確認する方法
・フォークの背で肉を押して、弾力がなければOK
・フォークを刺して、中から透明な肉汁が出たらOK

豚ひき肉…200g
にんにく…1かけ

塩胡椒…適量
サラダ油…大さじ1/2

Ⓐ（ソース）
砂糖…小さじ1
みりん…小さじ1
醤油…大さじ1
ウスターソース…大さじ1
味の素…2ふり

仕上げ
黒胡椒…好みで

虚無メーター

材料	★★☆
心	★☆☆
財布	★★☆

＋αアレンジ
ごはんにのっけても◎

賞味期限の長いコイツが最強。

虚無肉じゃが

1
じゃがいもは皮をむき乱切りに、魚肉ソーセージは斜め薄切りにする。

2
フライパンにごま油を熱し、魚肉ソーセージを炒める。焼き目がついたらじゃがいもを入れてさらに炒め、火を止める。

3
Aを加えて沸かし、フタをして弱火で15～20分煮る。

ポイント
じゃがいもの芽はしっかり取る

焼き目をつけると、肉っぽさが出る。

材料（1人分）
じゃがいも
…2こ（250～300g）
魚肉ソーセージ…1本

ごま油…大さじ1

A
醤油…大さじ1
白だし…大さじ1
酒…大さじ2
砂糖…大さじ1/2
水…100cc

仕上げ（あれば）
小ねぎ…好みで

虚無メーター
材料 ★★☆
心 ★☆☆
財布 ★★☆

＋αアレンジ
味変でからし、ラー油

「鶏肉じゃなくてよかったんだ…」
ってなるやつ。

虚無唐揚げ

1 魚肉ソーセージを縦半分に切り、格子状に切れ目を入れ、5等分にする。

2 ボウルに1とAを入れてよく揉みこむ。5分ほど漬けたら、片栗粉をまぶす。

3 フライパンに油を熱し、温まったら、2を入れて両面を色づくまで揚げる。

ポイント
切れ目によって、液が入りやすくなる

魚肉ソーセージは冷蔵庫に忍ばせておけ。

材料（1人分）

魚肉ソーセージ…2本（150g）

片栗粉…適量
サラダ油…底から1cm

A
醤油…大さじ1
みりん…小さじ1
酒…小さじ1
にんにく（おろし）…1/2かけ
味の素…3ふり

仕上げ（あれば）
レモン…1/8こ

虚無メーター

材料	★★★
心	★☆☆
財布	★★★

+αアレンジ
- 味変で黒胡椒、アジシオ
- カニカマを一緒に揚げても◎

安い豚こま肉が大変身します。

虚無肉豆腐

1 鍋に、木綿豆腐とAを入れて沸かす。
（豆腐はスプーンですくって入れる）

2 フタをして弱火で2〜3分煮る。
（余裕があれば途中で豆腐を裏返す）

3 豚こま肉をちぎりながら入れ、
赤みがなくなるまで煮る。

ポイント

豚こま肉は煮すぎると硬くなるので、サッとが◎

こういうたんぱく質とれる料理も大事です。

材料（1人分）

木綿豆腐
…1/2丁（175g）
豚こま肉…120g

A
これ！うま!!つゆ（白だしでも可）
…小さじ2
醤油…大さじ1
酒…大さじ1と1/2
みりん…大さじ1と1/2
砂糖…小さじ1

虚無メーター

材料	★★☆
心	★★☆
財布	★★★

＋αアレンジ

・味変で七味
・追加できのこやしらたき

これが「焼肉のタレ」の最強の使い方。

虚無豚キム

1 フライパンにごま油を熱し、キムチを炒める。

2 豚こま肉、焼肉のタレ、黒胡椒を加えて、サッと炒める。

米も酒もすすむ、すすむ……。

材料（1人分）

豚こま肉…120g
キムチ…120g

ごま油…小さじ2
焼肉のタレ…大さじ1
黒胡椒…適量

虚無メーター

材料	★★☆
心	★★☆
財布	★★☆

＋αアレンジ

- 追加でニラ
- 鶏肉で代用OK
- ごはんにのっけても◎

俺の貧乏を支えた最強の独身飯。

貧乏人のプルコギ

1 ボウルに豚こま肉を手でちぎって入れ、Aを加えてよく混ぜる。

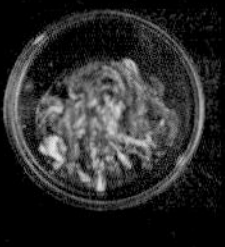

2 フライパンに1を入れて強火で炒める。火が通ったらもやしとBを加え、40~50秒炒める。

油はしかなくてOK!
肉は広げて入れる

ポイント
片栗粉が肉をコーティングしてやわらかく仕上がる

コチュジャンなくても作れます。

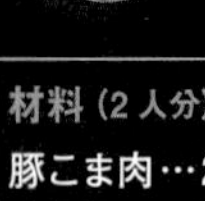

材料（2人分）

豚こま肉…200g
もやし…200g

A
- 砂糖…大さじ1
- 醤油…大さじ2
- 酒…大さじ1
- ごま油…大さじ1
- 片栗粉…大さじ1/2
- 味の素…4ふり
- にんにく（おろし）…5g
- しょうが（おろし）…5g

B
- 酒…大さじ1
- いりごま（ひねる）…大さじ1

仕上げ
一味…好みで

虚無メーター

材料 ★★☆
心 ★★☆
財布 ★★☆

+αアレンジ
- 追加でにんじんや玉ねぎ
- 味変でマヨネーズ

虚無麻婆

たった数分で
市販の素を超える味です。

1 耐熱容器に絹豆腐とAを入れる。

2 ラップをしてレンジで2分加熱する。

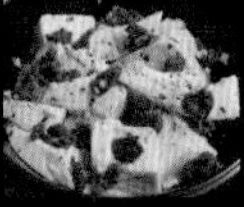

豆腐は箸などで
軽く崩す

ポイント

3こパックの豆腐だと使い切りにちょうど良い

フライパンも包丁もいりません。

材料（1人分）

絹豆腐…150g

A
- みそ…小さじ1と1/2
- 味の素…3ふり
- 醤油…小さじ1/3
- 黒胡椒…適量
- ごま油…小さじ1
- にんにく（おろし）…少々

仕上げ
ラー油…好みで

虚無メーター

材料	★★★
心	★★★
財布	★★★

＋αアレンジ

追加で刻んだ長ねぎ、ひき肉（その場合30秒長く加熱）

八宝菜ならぬ「一宝菜」。

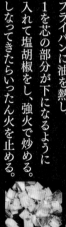

虚無宝菜

1
白菜をぶつ切りにする。(芯の部分は幅2～3㎝に、葉の部分はやや大きめに)

2
フライパンに油を熱し、1を芯の部分が下になるように入れて塩胡椒をし、強火で炒める。しなってきたらいったん火を止める。

焼き色がつくまで

3
2に、よく混ぜ合わせたAを入れ、強火で混ぜながら煮詰める。とろみがついたらごま油をかける。

ポイント
片栗粉がダマにならないよう、よく混ぜる

油もうま味だ。中華料理ではケチるな。

材料（2人分）
白菜…1/8こ(300g)

サラダ油…大さじ1
塩胡椒…適量

Ⓐ
水…200cc
鶏ガラスープの素(顆粒)…小さじ1
砂糖…小さじ1/2
片栗粉…小さじ2
オイスターソース…小さじ2
醤油…小さじ2
酒…小さじ2

仕上げ
ごま油…小さじ1

虚無メーター
材料 ★★★
心 ★★☆
財布 ★★☆

＋αアレンジ
追加で豚肉、シーフードミックス、ベーコン、ハム、にんじんなど

ごはんを5合、用意しておいてください。

キャベツの飯泥棒炒め

1 豚ひき肉に塩胡椒をし、キャベツはひと口大にざく切りにする。

2 ボウルにAを混ぜ合わせておく。

3 フライパンにごま油を熱し、豚ひき肉を強火で軽く炒める。

4 キャベツを加えて、焦げ目がつくまで炒めたら2を入れてよく絡める。酒を加えて火を止め、サッと混ぜる。

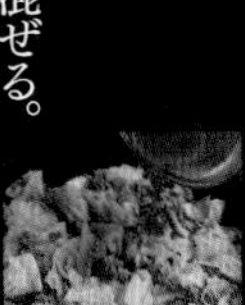

キャベツが透き通ったら甘みが出たサイン!

ポイント

工程4で2を入れる時、片栗粉が沈みやすいのでもう一度混ぜてから!

値段が変動しづらいキャベツは虚無の味方だ。

材料（2人分）

豚ひき肉…180g
キャベツ
…1/4こ(250g)

塩胡椒…適量
ごま油…小さじ2
酒…大さじ1

A

砂糖…小さじ1と1/2
片栗粉…小さじ1と1/2
醤油…大さじ1と1/2
酒…大さじ1と1/2
みりん…大さじ1と1/2
みそ…大さじ1/2
味の素…5ふり
にんにく(おろし)…1かけ

仕上げ

黒胡椒…思ってる2倍

虚無メーター

材料	★★☆
心	★★☆
財布	★★☆

+αアレンジ

味変でラー油

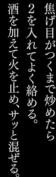

エビ、使ってないんです。

虚無エビマヨ

1 エビシューマイを表示通り解凍する。

2 フライパンに油を熱し、1を皮がパリッとするまで両面を焼く。火を止めて、キッチンペーパーでサッと油を拭き取る。

しっかり焼き目がつくまで！

3 フライパンをあおって冷ましたら、Aを入れて全体を和える。

ポイント

味の素の「プリプリのエビシューマイ」がおすすめ

エビシューマイは焼くだけでもウマい。

材料（1人分）

冷凍エビシューマイ…12こ

サラダ油…大さじ1

Ⓐ
マヨネーズ…大さじ2
ケチャップ…大さじ1/2
砂糖…小さじ1/2
味の素…1ふり

虚無メーター

材料 ★★☆
心 ★★☆
財布 ★★☆

＋αアレンジ

- 味変で黒胡椒
- アスパラを一緒に炒めても◎

下処理いらず。味は本格派。

虚無エビチリ

1 長ねぎとにんにくをみじん切りにする。

2 エビシューマイを表示通り解凍したら、フライパンに油を熱し、皮がパリッとするまで両面を焼く。

3 2に、にんにくとケチャップを入れて弱めの中火で炒めたら、Aを加えて沸かす。

4 長ねぎを入れる。3に、よく混ぜ合わせたBとサッと炒めて、とろみをつける。

ポイント

辛いのが苦手な人は一味唐辛子を減らしてもOK

金スマで作ったのをブラッシュアップ。

材料（1人分）

冷凍エビシューマイ…12こ
長ねぎ…1/3本（40g）
にんにく…1かけ

サラダ油…大さじ1
ケチャップ…大さじ3

A
鶏ガラスープの素（顆粒）…小さじ2/3
水…100cc
一味唐辛子…小さじ1/2

B
酒…小さじ2
片栗粉…小さじ1

虚無メーター

材料	★★☆
心	★★☆
財布	★★☆

＋αアレンジ

塩胡椒で炒めた焼きそばに、絡めて食べても◎

木綿豆腐が肉よりうまくなる食い方。

豆腐の照り焼きステーキ

1 豆腐の水気を切り、6等分に切る。

2 フライパンにラードを熱し、強めの中火で1を焼く。焼き目がついたらひっくり返し、同様に焼く。

焼き目はしっかりと！

3 2に、混ぜ合わせたAを入れて煮詰めたら、火を止めて全体に絡める。

ポイント

タレは、豆腐を焼いている間に作っておく！

マヨ追加で、てりやきマックのあの味。

材料（1～2人分）

木綿豆腐…1丁(350g)

ラード(サラダ油でも可)
…大さじ1

A（タレ）
- 砂糖…大さじ1/2
- 醤油…大さじ2
- みりん…大さじ1
- 味の素…4ふり

仕上げ
小ねぎ…好みで

虚無メーター

材料	★★★
心	★★☆
財布	★★★

＋αアレンジ

味変で山椒やマヨネーズ

レンチンです。巻きません。

虚無卵焼き

1 耐熱容器に油をぬり、材料をすべて入れて混ぜる。

2 ふんわりとラップをかけ、レンジで1分30秒加熱したら混ぜる。

3 再びレンジで1分加熱する。ふくらんだ部分を上からタオルなどで押さえて形を整える。

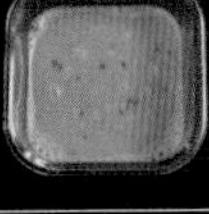

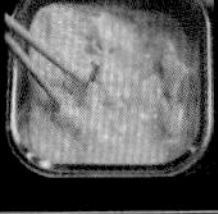

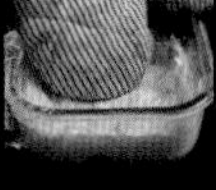

虚無なときは、フライパン出したくないじゃん。

材料（1～2人分）

卵…3こ

サラダ油…小さじ1
白だし…小さじ2
水…大さじ1と1/2
砂糖…ふたつまみ

虚無メーター

材料 ★★☆
心 ★★☆
財布 ★★☆

＋αアレンジ

明太子を一緒に混ぜても◎

Column

手間ひまかけるのが正解なのか

「めんつゆなどを使った時短料理が流行ると、
日本の手間ひまかけた食の文化が壊れますのでやめてください」

と、言われたことがあるが、

そんなんぶっ壊せばいいんすよ。

手間ひまかけるってのは手段であり、目的ではない。

そもそも、たいていの飲食店でも
めんつゆは使うし、味の素だって入ってる。レンチンもする。

伝統的な調理法も、
元はその時代にあるもので「おいしさ」を求めた結果。

だから俺は、今ある調味料や調理器具で
ウマいものを作りたいと思ってる。

100年後には、今の流行りの食事が、
伝統的な食文化になってるんじゃないかな。

YouTube 動画一覧

虚無ステーキ

虚無肉じゃが

虚無唐揚げ

虚無肉豆腐

coming soon
虚無豚キム

貧乏人のプルコギ

coming soon
虚無麻婆

虚無宝菜

キャベツの飯泥棒炒め

虚無エビマヨ

虚無エビチリ

豆腐の照り焼きステーキ

虚無卵焼き

4章

虚無を忘れる満足感。

ごはん&丼

ドンドン丼！
究極の一品ものシリーズ。
夜食に、休日の昼に、
思わずがっついてしまう味。

虚無感ゼロ、衝撃のとろふわ。

虚無天津飯

1 ボウルに卵を割り入れ、Aを加えて混ぜる。

2 フライパンに油を熱し、1を流し入れる。外側の固まった部分をヘラで中心に寄せ、半熟になったら火を止める。

3 ごはんに、2をスライドしながらのせる。

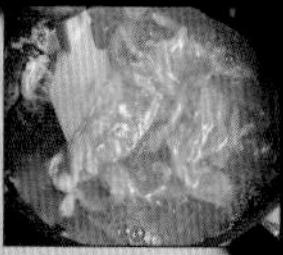

卵とごはんだけなので俺のような引きこもりでも作れました。

4 カップにBを入れてよーく混ぜる。

5 2の空のフライパンを熱し、4を入れてよく混ぜる。とろみがついたら3にかける。

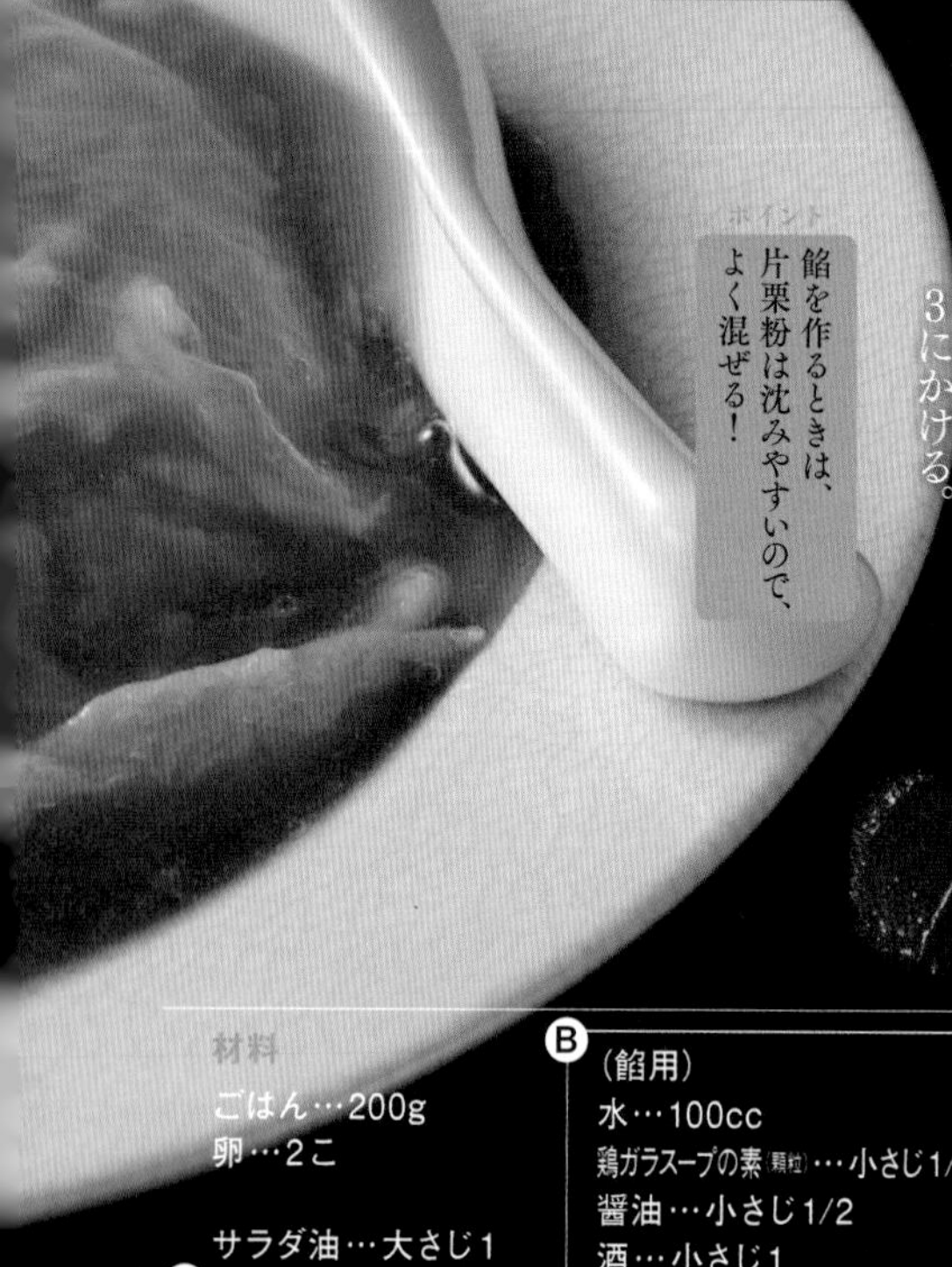

ポイント

餡を作るときは、片栗粉は沈みやすいので、よく混ぜる！

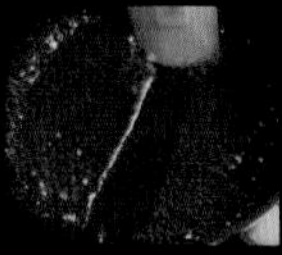

とろみは道ができるくらい！

材料

ごはん…200g
卵…2こ

サラダ油…大さじ1

Ⓐ（卵用）
水…大さじ1と1/2
塩…小さじ1/5
味の素…3ふり
片栗粉…小さじ1/2

Ⓑ（餡用）
水…100cc
鶏ガラスープの素(顆粒)…小さじ1/2
醤油…小さじ1/2
酒…小さじ1
オイスターソース…小さじ1
ごま油…小さじ1
酢…小さじ1/2
片栗粉…小さじ1

虚無メーター

材料	★★★
心	★☆☆
財布	★★★

＋αアレンジ

餡に追加でカニカマ、長ねぎ、豚こま肉（細切りして炒めておく）など

料理研究家、本気のジャンク飯。

虚無焼き飯

1 フライパンにラードを熱し、ごはんとAを入れて強火で炒める。

2 黒胡椒をふり、器に盛る。あればかつおぶしと、目玉焼きをのせる。

焼き加減、こんな感じ！

この調味料の配分は、必ず役に立つから覚えておけ。

材料（1人分）

ごはん…200g

ラード…4～5cm
（サラダ油を大さじ1でも可）

黒胡椒…思ってる3倍

A
- ウスターソース…大さじ1
- オイスターソース…小さじ2
- 味の素…3ふり

仕上げ（あれば）

かつおぶし…好みで

卵…1こ

虚無メーター

材料	★★★
心	★★☆
財布	★★★

＋αアレンジ

- 味変でマヨネーズ
- 追加でキャベツやソーセージ

石で焼いたのかと思った。

虚無ビビンバ

1 卵を、卵白と卵黄に分けておく。フライパンに油を熱し、もやしをAと炒めて取り出す。

2 1のフライパンにごはんと卵白を入れて、焼き目がつくよう軽く混ぜ込む。

3 2にもやしをのせ、混ぜ合わせたB、コチュジャンをかけ、仕上げに卵黄とラー油。

混ぜすぎず、焼きつける

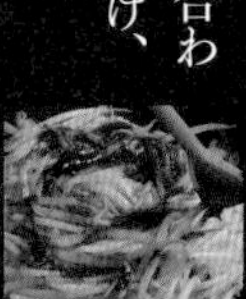

ポイント

卵白で焼き目をつけて、石焼風に！

コチュジャンはあったほうがウマいです。

材料（1人分）

ごはん…200g
もやし…100g
卵…1こ

サラダ油… 適量
コチュジャン…適量
ラー油…適量

Ⓐ
塩…小さじ1/4
ごま油…大さじ1/2
味の素…3ふり

Ⓑ
焼肉のタレ
…大さじ1と1/2
にんにく（おろし）…1/2かけ

虚無メーター

材料　★★★
心　★★☆
財布　★★★

＋αアレンジ

追加でほうれん草、にんじん、ナムルなど

いつも微妙に余ってしまう
牛乳に捧げるレシピ。

虚無ドリア

1 耐熱容器にAを入れてよく混ぜる。

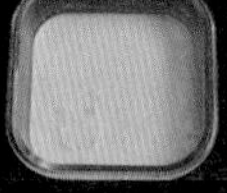

レンジ、トースター両方OKなものがおすすめ

2 ラップをせず、レンジで1分加熱したら、取り出してよく混ぜる。この工程を計3回行う。

3 2に、Bとごはんを加えて全体をよく混ぜる。チーズをのせ、焼き目がつくまでオーブントースターで加熱。

加熱は5～6分が目安

ポイント
「3回レンチン&混ぜる」でとろみがつく！

ナツメグは入れるだけで高級感でるから、虚無こそ買うべき。

材料（1人分）
ごはん…200g
ピザ用チーズ…40～50g

Ⓐ
牛乳…200cc
薄力粉…大さじ1
コンソメ（顆粒）…小さじ1と1/3
バター…8g

Ⓑ
塩胡椒…適量
ナツメグ（あれば）…2ふり

虚無メーター
材料 ★★★
心 ★★☆
財布 ★★☆

＋αアレンジ
・追加でシーフードミックス
・玉ねぎを一緒に入れて焼くのも◎

もう「面倒くさい」とは言わせません。

虚無グラタン

1 耐熱容器に食パンをちぎって入れる。

2 別の耐熱容器にAを入れ、カップスープの素が溶けるまで混ぜる。

3 1に2をかけ、チーズをのせて焼き目がつくまでオーブントースターで加熱。

加熱は5～6分が目安

ポイント

おすすめは「クノールのポタージュ味」

味を作ってくれるので、カップスープの素は、調味料としても重宝します。

材料（1人分）

食パン(6枚切り)…1枚

ピザ用チーズ…40g

Ⓐ

バター…8g

カップスープの素（ポタージュ味）…1袋

湯…80cc

虚無メーター

材料	★★☆
心	★★☆
財布	★★☆

＋αアレンジ

味変でタバスコ

もはや、店です。

虚無リゾット

1 フライパンにAを入れて沸かし、ごはんを加えて混ぜる。

2 チーズとオリーブ油を加え、トロッとするまで混ぜる。

ポイント

米にしっかり味を吸わせて、最後にチーズを入れることでトロッと仕上がる！

虚無と思えない、おしゃれな味っす。

トロッとするまで！

材料（1人分）

ごはん…200g
ピザ用チーズ…40g

オリーブ油
…小さじ1と1/2

A
水…100cc
にんにく（おろし）…1/3かけ
コンソメ（顆粒）
…小さじ1と1/3
塩…ひとつまみ

仕上げ
黒胡椒…好みで

虚無メーター

材料	★★★
心	★★☆
財布	★★★

＋αアレンジ

追加でベーコン、ハム、玉ねぎ、ブロッコリーなど（細かく刻んで炒めておく）

調味料ぶちこむだけ。
具なしでこのコクはやべえ。

虚無カレー

1 鍋にバターを熱し、ケチャップを入れて煮詰める。

2 水、カレールー、Aを加え、好みの濃度になるまで2～3分ほど煮詰める。

ポイント

ケチャップを炒めることでトマトを入れたようなうま味がでる

このルーの作り方さえ覚えればあとは何つっこんでもウマイです。

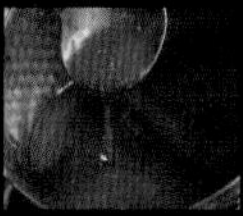

煮詰めると味も濃くなるので調整する

材料（1人分）

カレールー…1かけ
バター…5g
ケチャップ…小さじ2
水…180cc

A

中濃ソース…小さじ1/2
コンソメ（顆粒）…小さじ1/3
砂糖…小さじ1
にんにく（おろし）…1/3かけ

仕上げ
乾燥パセリ…好みで

虚無メーター

材料	★★★
心	★★☆
財布	★★☆

＋αアレンジ

- 辛味がほしい場合は、タバスコ
- 追加でツナ缶やサバ缶

ルーもデミグラス缶もいらねえ。

秒殺ハヤシライス

1 玉ねぎを繊維に逆らってスライス、豚こま肉はひと口大に切る。

2 フライパンにバターを熱し、玉ねぎを入れる。塩胡椒をして、強めの中火で炒める。

3 豚こま肉を加えて塩胡椒をし、肉の色が変わったら薄力粉を入れて炒める。

4 Aを加えて煮詰めたら、Bを入れてとろみをつけ、好みの濃度まで煮詰める。

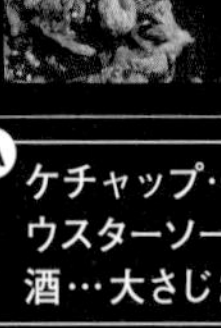

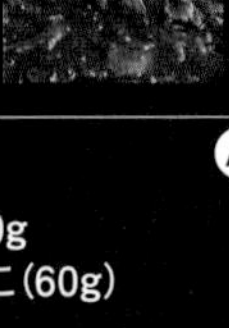

ポイント

バターは「炒める用」と「香りづけ用」で2回に分ける

材料（1人分）

豚こま肉…90g
玉ねぎ…1/4こ(60g)

バター…10g
塩胡椒…適量
薄力粉…大さじ1と1/2

仕上げ
乾燥パセリ…好みで

A
ケチャップ…大さじ2
ウスターソース…大さじ1
酒…大さじ2

B
水…120cc
黒胡椒…適量
砂糖…小さじ1/2
コンソメ(顆粒)…小さじ2/3
バター…5g

虚無メーター

材料 ★★☆
心 ★★☆
財布 ★★☆

＋αアレンジ

追加できのこやマッシュルーム缶

とろとろ禁断の味を体験せよ。

悪魔のたまご丼

1 にんにくをスライスする。
（ハサミでOK）

2 フライパンに1、鷹の爪、オリーブ油を入れ、弱めの中火で色づくまで炒める。
（ボウルにAをよく溶いておく）

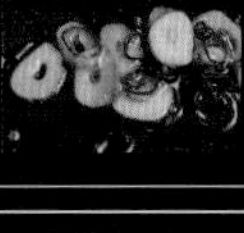

色こんな感じ！

3 バターを加えたら、中火にしてAを入れる。ヘラで卵を外側から中心に寄せていき、半熟に固まってきたら、ごはんにのせる。

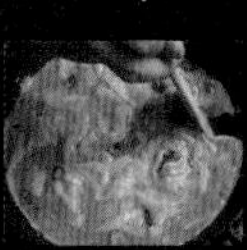

寄せた卵から固まっていく！

ポイント

香りが飛ぶのを防ぐためにバターはあとから入れる！

焼きそばにのっけたり、このままおつまみでも最高です。

材料（1人分）

ごはん…200g
にんにく…1かけ

鷹の爪（輪切り）
…1本〜1本半
オリーブ油…小さじ1
バター…8g

A

卵…2こ
これ！うま!!つゆ
…大さじ1
塩…ひとつまみ

虚無メーター

材料	★★★
心	★★☆
財布	★★☆

＋αアレンジ

味変で粉チーズと黒胡椒

ぜったい深夜に食べたくなる味。

納豆バター醤油ピラフ

1 玉ねぎをみじん切りにする。フライパンにバターを熱し、玉ねぎを炒める。

2 1に納豆（付属のタレとからしも）を入れて炒めたら、ごはんとAも加え、さらに炒める。

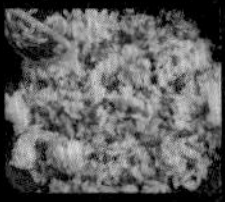

納豆とバターで優勝。

材料（1人分）

ごはん…200g
納豆…1パック

A
醤油…小さじ2
みりん…小さじ2
味の素…4ふり

仕上げ　黒胡椒…好みで

玉ねぎ…1/4こ（60g）
バター…10g

虚無メーター
材料　★★☆
心　★★☆
財布　★★★

＋αアレンジ　追加でベーコンやミックスベジタブル

焼き鳥缶で作る、極上の甘辛タレ。

虚無鶏めし

1 耐熱容器に焼き鳥缶（タレごと）とAを入れる。ラップをせず、レンジで1分半加熱する。

2 1にごはんを加え、よく混ぜる。

HOTEiは調理工程で焼いてるから、香ばしくていいのよ。

材料（1人分）

ごはん…200g
焼き鳥缶…1缶
（HOTEiがおすすめ）

A
砂糖…小さじ1弱
醤油…小さじ2
味の素…3ふり
にんにく（おろし）…1/2かけ

虚無メーター
材料　★★★
心　★★★
財布　★★☆

＋αアレンジ　味変で山椒

これが納豆で、
最も背徳感を味わえる方法。

究極の焼きバター納豆丼

1 にんにくをみじん切りにする。

2 フライパンにバターを熱し、納豆と1を炒めたら、中央を開けて、卵を割り入れる。

3 半熟になったら、ごはんにのせ、味の素と付属のタレをかける。

納豆とバターで
優勝その2。

材料（1人分）
- ごはん…200g
- 納豆…1パック
- 卵…1こ
- にんにく…1かけ
- バター…8g
- 味の素…3ふり

仕上げ
- 醤油…好みで
- 小ねぎ…好みで

虚無メーター

材料	★★★
心	★★☆
財布	★★★

もやしで死ぬほど
飯が食えます。

虚無もやし丼

1 卵は、卵白と卵黄に分けておく。

2 フライパンにラードを熱し、にんにくを炒める。香りが出てきたら、もやしとAを加えて炒める。

3 もやしがしんなりしてきたら、1の卵白だけを入れて火を通す。ごはんにのせて、仕上げに卵黄。

ポイント
にんにくの成分アリシンが肉っぽい香りを出してくれる！

虚無メーター

材料	★★★
心	★★☆
財布	★★★

材料（1人分）
- ごはん…200g
- もやし…200g
- 卵…1こ
- にんにく（おろし）…1かけ
- ラード（サラダ油でも可）…大さじ1

Ⓐ
- 醤油…小さじ2
- オイスターソース…小さじ2
- みりん…大さじ1
- 酒…大さじ1/2
- 味の素…4ふり
- 黒胡椒…好きなだけ

仕上げ　ラー油…好みで

＋αアレンジ　追加でひき肉

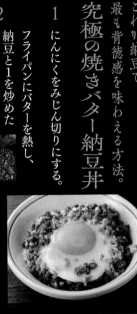

虚無だけど
ごちそう感を味わいたいとき。

やけくそロコモコ丼

虚無のわりに
工程多いけど、
ウマいんで許して。

1
玉ねぎを繊維に逆らってスライスする。合びき肉は塩胡椒をして、こねながら形を作る。

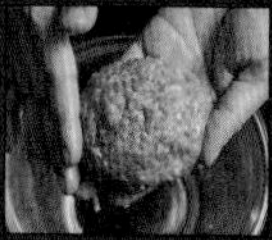

2
フライパンに油を熱し、玉ねぎを色づくまで炒めたら、合びき肉も入れて両面を焼く。

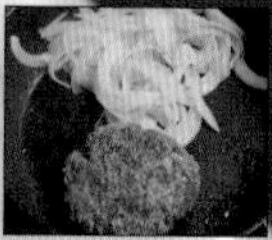

玉ねぎは
入れたままでOK

3
合びき肉の両面に焼き目がついたら、ヘラなどで崩す。

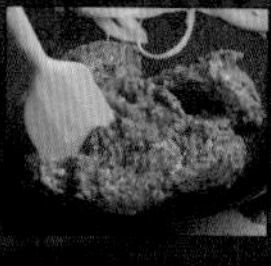

4
玉ねぎだけ取り出して、ごはんの上にのせる。

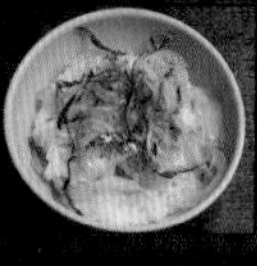

5
合びき肉が中までしっかり焼けたら、4の上にのせる。

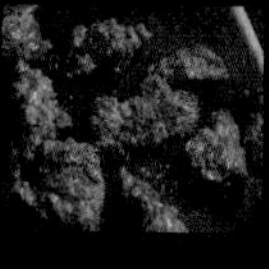

6
目玉焼きを作り、5の上にのせる。

7
6の空のフライパンに、Aのケチャップと中濃ソースを入れて煮詰めたらAの残りの材料を加えて沸かし、6にかける。

材料（1人分）

ごはん…200g
合びき肉…120g
玉ねぎ…1/4こ(60g)
塩胡椒…気持ち多め
サラダ油…小さじ1

目玉焼き用
卵…1こ
サラダ油…適量

Ⓐ
（ソース）
ケチャップ…大さじ1
中濃ソース…小さじ1
水…大さじ2
酒…大さじ1
コンソメ(顆粒)
…小さじ1/3

仕上げ
乾燥パセリ…好みで

虚無メーター
材料 ★★☆
心 ☆☆☆
財布 ★★☆

+αアレンジ
トッピングで
アボカドやトマト

カニカマが、「カニ以上」に昇格します。

虚無中華丼

1 フライパンにほぐしたカニカマ、ラードを入れて熱し、軽く炒めたら火を止める。

2 1に、よく混ぜ合わせたAを入れる。再び火にかけ、混ぜてとろみをつける。

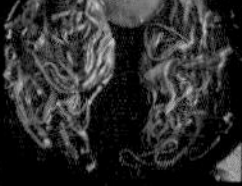
道ができるまで！

ポイント
カニカマ以外にも余っている野菜をこのタレで煮てもOK

タレが万能だから、ぶっちゃけカニカマがなくてもうまいです。

材料（1人分）

カニカマ…40g
ラード…3cm
（サラダ油を小さじ2でも可）

A
水…120cc
創味シャンタン
　…小さじ1/3
（鶏ガラスープの素を小さじ1/2でも可）
酒…小さじ1と1/2
醤油…小さじ1と1/2
オイスターソース
　…小さじ1と1/2
砂糖…小さじ1/3
片栗粉…小さじ1と1/2
ごま油…小さじ1
黒胡椒…適量

仕上げ
ラー油…好みで

虚無メーター

材料	★★★
心	★★☆
財布	★★☆

＋αアレンジ
・味変で酢
・追加で小松菜や溶き卵

台湾の屋台メシが、そっこー食えます。

虚無ルーロー飯

1 豚こま肉を刻んでおく。にんにくは粗みじん切りにする。

2 フライパンにラードを熱し、にんにくを焦がすように炒める。

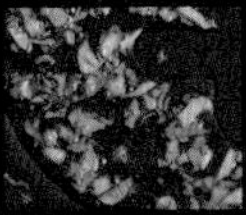

この色になるまで！

3 2に豚こま肉とAを加えて沸かし、卵を割り入れる。半熟になったら火を止める。

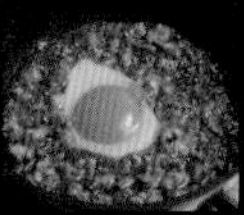

卵はフライパンの中に割る！

ポイント

工程3は、炒めるのではなく煮る！混ぜなくてOK

本場感が一気にでるので五香粉《ウーシャンフェン》は買う価値あり。

材料（1人分）

豚こま肉…100g
卵…1こ
にんにく…1かけ
ラード…大さじ1

Ⓐ
醤油…大さじ1/2
オイスターソース…大さじ1/2
砂糖…小さじ1と1/3
黒胡椒…適量
五香粉（あれば）…2ふり
酒…大さじ1と1/2
鶏ガラスープの素（顆粒）…小さじ1/4

虚無メーター

材料 ★★☆
心 ★★☆
財布 ★★☆

＋αアレンジ

追加で小松菜やチンゲン菜

俺が月収9万円の時にお世話になったエモ飯。

貧乏人のかまぼこ丼

1
かまぼこをスライス、長ねぎは細切りにする。小さめの鍋に、Aと一緒に入れて沸かす。
（長ねぎは飾り用に少し残しておく）

2
火を弱め、軽く溶いた卵を流し入れ、残しておいた長ねぎをちらす。

3
フタをして弱火で1分加熱し、半熟になったらごはんにのせる。

ポイント
卵を溶くときは、分離しないよう軽くでOK

箸に伝わせて入れる！

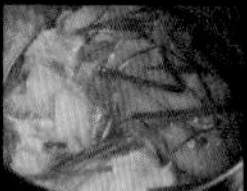

白身が固まってない状態でOK

関西でいうところの「木の葉丼」です。

材料（1人分）

- ごはん…200g
- かまぼこ…50g
- 長ねぎ（青い部分）…少し
- 卵…1こ

Ⓐ
- 水…大さじ2と1/2
- 白だし…大さじ1
- 醤油…小さじ1
- みりん…大さじ1

仕上げ
- 七味…好みで

虚無メーター

材料	★★☆
心	★★☆
財布	★★☆

+αアレンジ
- さつま揚げ、ちくわ、はんぺんで代用も◎
- 味変で、少し熱したバター

切手を
お貼り下さい

113-0023

東京都文京区向丘2-14-9

サンクチュアリ出版

『虚無レシピ』
読者アンケート係

ご住所　〒□□□-□□□□	
TEL※	
メールアドレス※	
お名前	男 ・ 女 (　　　歳)
ご職業 1 会社員　2 専業主婦　3 パート・アルバイト　4 自営業　5 会社経営　6 学生　7 その他	
ご記入いただいたメールアドレスには弊社より新刊のお知らせや イベント情報などを送らせていただきます。 希望されない方は、こちらにチェックマークを入れてください。	メルマガ不要 □

ご記入いただいた個人情報は、プレゼントや感想に関するご連絡およびメルマガ配信のみに使用し、
その目的以外に使用することはありません。

※プレゼントのご連絡に必要になりますので、電話番号およびメールアドレス、
両方の記載をお願いします。

弊社HPにレビューを掲載させていただいた方全員にAmazonギフト券(1000円分)をさしあげます。

『虚無レシピ』読者アンケート

本書をお買上げいただき、まことにありがとうございます。
読者サービスならびに出版活動の改善に役立てたいと考えておりますので
ぜひアンケートにご協力をお願い申し上げます。

■本書はいかがでしたか？　該当するものに○をつけてください。

最悪	悪い	普通	良い	最高
★	★★	★★★	★★★★	★★★★★

■本書を読んだ感想をお書きください。

※お寄せいただいた評価・感想の全部、または一部を（お名前を伏せた上で）
弊社HP、広告、販促ポスターなどで使用させていただく場合がございます。
あらかじめご了承ください。

▼ こちらからも本書の感想を投稿できます。▶

https://www.sanctuarybooks.jp/review/

弊社HPにレビューを掲載させていただいた方全員にAmazonギフト券（1000円分）をさしあげます。

ズボラ飯って呼ぶには、美しすぎじゃね?

合法生ユッケ丼

1 長ねぎをみじん切りにする。生ハムは1枚ずつはがし細かく切る。

2 ボウルに1とAを入れて混ぜる。

3 ごはんに2と卵黄をのせる。

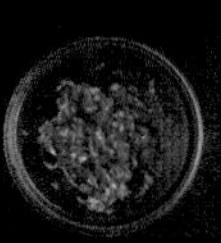

ポイント

国産の生ハムを使う(海外産は塩分が強い分、タレが入る余地がないので合わない)

ほぼユッケです。安い生ハムだからこそウマい。

材料(1人分)

ごはん…200g
生ハム…50g
長ねぎ…25g
卵黄…1こ

A
砂糖…小さじ1
にんにく(おろし)…1/3かけ
味の素…1ふり
醤油…小さじ1
コチュジャン…小さじ1
ごま油…小さじ1

仕上げ
いりごま…好みで(指でひねってかける)
ラー油…好みで

虚無メーター

材料 ★★☆
心 ★★☆
財布 ★★☆

+αアレンジ

千切りきゅうりをちらしても◎

店よりも早い、安い、ウマい!

虚無牛丼

1 かつおぶしを耐熱容器に入れる。ラップをせずにレンジで40秒加熱し、揉んで粉にする。

2 鍋に、1とAを入れて沸かす。

3 牛こま肉を加え、絡めながらサッと煮る。

牛脂はスーパーでもらえると思うので手に入れてくれ。

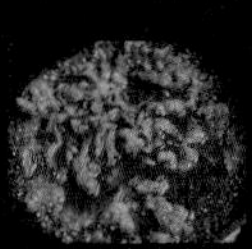

材料（1人分）

牛こま肉…100g
（牛ばら肉や切り落としでもOK）
かつおぶし…2g

Ⓐ
水…大さじ1と1/2
みりん…大さじ2
酒…大さじ1
醤油…小さじ4
砂糖…小さじ1/2
味の素…4ふり
牛脂…1/2こ
（ラード3cmでも可）

虚無メーター

材料 ★★☆
心 ★★☆
財布 ★★☆

＋αアレンジ

・追加で玉ねぎ、長ねぎ、しいたけなど
・トッピングで生卵やチーズ

すた丼的な、ガツンとした味。

虚無豚丼

1 鍋にAを入れて、煮詰める。

2 豚こま肉を加え、赤みがなくなるまでサッと煮る。

ポイント

豚肉は、火を通しすぎると硬くなるので注意！

虚無は、店行くのも面倒くさいんでね。

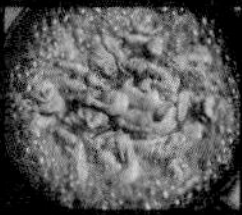

材料（1人分）

豚こま肉…120g

Ⓐ
醤油…小さじ4
酒…小さじ4
みりん…小さじ4
砂糖…大さじ1/2
にんにく（おろし）…1/2かけ

虚無メーター

材料	★★☆
心	★★☆
財布	★★☆

＋αアレンジ

- 追加で玉ねぎ、長ねぎ、しいたけなど
- トッピングで生卵やチーズ

Column

計量をしっかりしてほしい理由

料理は科学だ。特に食材の少ない「虚無レシピ」では、
かなり科学的に「おいしい」を追求している。

たとえば、「味の素」っていうのは、「グルタミン酸ナトリウム」という
うま味成分。昆布やしいたけに含まれているやつだ。

これが入ると、料理が味わい深くなる。

「かつおぶしレンチン＋味の素」をするのも、
家庭でなじみのある「ほんだし」は塩分が含まれていて、
料理によってはしょっぱくなりすぎてしまうから。

そんなふうに、甘味・酸味・塩味・うま味のバランスを
考えた調理工程なので、最初はレシピ通り計量して作ってみてほしい。

いったん正解の味を知った上でアレンジすると、
料理がさらに上手くなるから。

YouTube 動画一覧

- 虚無天津飯
- 虚無焼き飯
- coming soon 虚無ビビンバ
- 虚無ドリア
- 虚無グラタン
- coming soon 虚無リゾット
- 虚無カレー
- 秒殺ハヤシライス
- 悪魔のたまご丼
- coming soon 納豆バター醤油ピラフ
- 虚無鶏めし
- coming soon 究極の焼きバター納豆丼
- 虚無もやし丼
- coming soon やけくそロコモコ丼
- 虚無中華丼
- coming soon 虚無ルーロー飯
- 貧乏人のかまぼこ丼
- 合法生ユッケ丼
- coming soon 虚無牛丼
- coming soon 虚無豚丼

5章

虚無なのに味は店。

麺類

こだわりの麺シリーズを一挙紹介。
パスタ、油そば、うどん、ラーメン……
コスパ神がかってます。

市販のソース買うのがバカらしくなる。

虚無トマトパスタ

1

フライパンに、にんにくとオリーブ油を入れて弱火にかける。

2

香りが出てきたら、ホールトマト缶をよく崩しながら入れて、強めの中火で煮詰める。

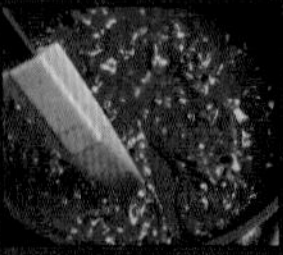

酸味が飛んで、甘味が凝縮される！

3

Aを加えさらに煮詰める。水分が飛んだら、水を加えて沸かし、パスタを入れる。

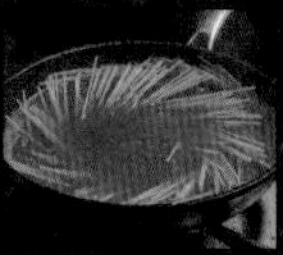

4

写真くらいに水分が飛ぶまで、5分ほど煮詰める。

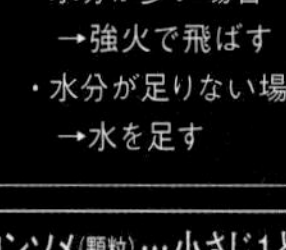

残りの1分で水分調整する
・水分が多い場合
→強火で飛ばす
・水分が足りない場合
→水を足す

5

Bを加え、全体を混ぜる。

今まで玉ねぎ切ってたの、なんだったんだろうってなるウマさ。

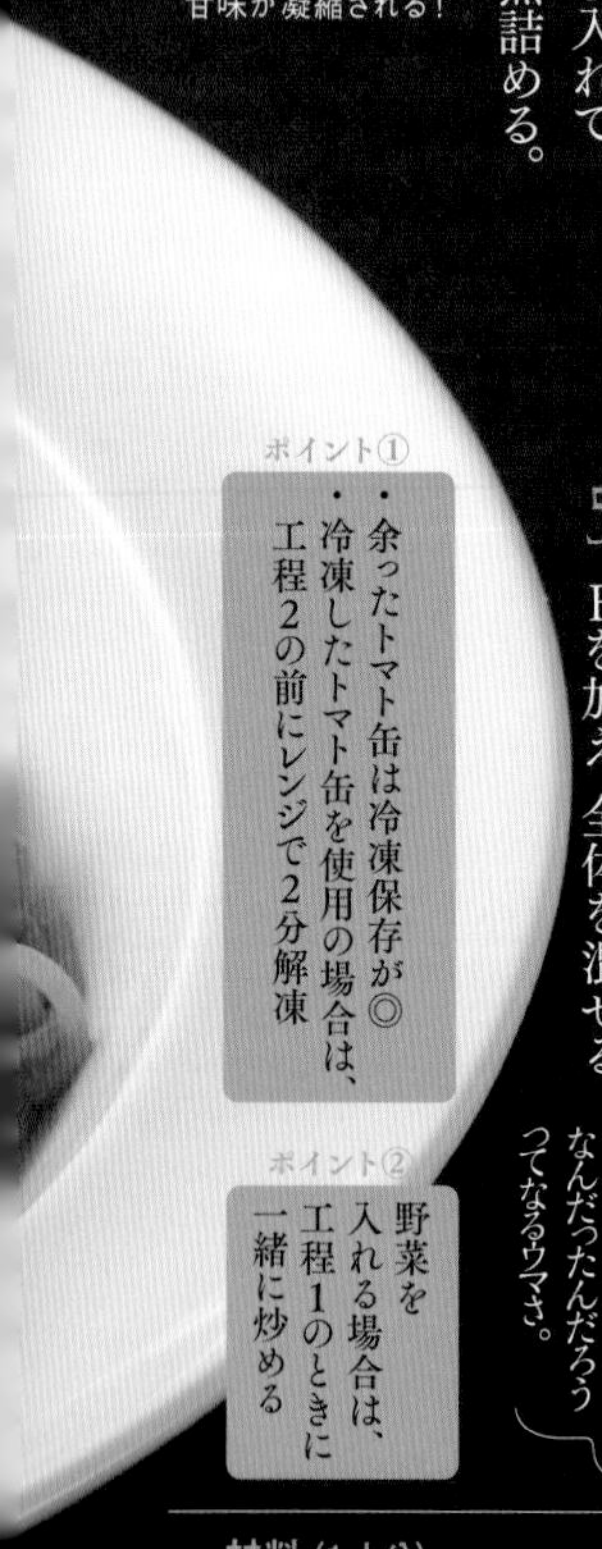

ポイント①

・余ったトマト缶は冷凍保存が◎
・冷凍したトマト缶を使用の場合は、工程2の前にレンジで2分解凍

ポイント②

野菜を入れる場合は、工程1のときに一緒に炒める

材料（1人分）

パスタ（1.4mm）…100g
ホールトマト缶…1/2缶
にんにく（おろし）…1かけ

オリーブ油…大さじ1
水…340cc

A
コンソメ（顆粒）…小さじ1と2/3
塩…ひとつまみ
砂糖…小さじ1

B
仕上げ
オリーブ油…小さじ1
黒胡椒…好みで

虚無メーター

材料	★★★
心	★★☆
財布	★★★

＋αアレンジ

・味変で粉チーズ　・追加でベーコン（塩気があるので調味料を少し減らす）、ブロッコリー、キャベツ、ズッキーニなど
・唐辛子を入れてアラビアータ風　・なすを入れてシチリア風

トマトジュースで、作れちゃいました。

虚無ミートソース

1 合びき肉は塩胡椒をしておく。

2 フライパンにオリーブ油を熱し、1を炒めたら、Aを加えて煮詰める。

3 鍋にお湯と塩分濃度1％の塩を入れて沸かし(分量外)、パスタを表示通りゆでる。器に盛り、2とバターを絡める。

ポイント
最後にバターをのせるときは、お皿の上でOK

これ出てきたら普通に嬉しいやつ。

材料（1人分）
パスタ(1.6mm)…100g
合びき肉…50g

塩胡椒…適量
オリーブ油…大さじ1/2
バター…5g

Ⓐ
トマトジュース(無塩)
…100cc
ケチャップ…大さじ1
コンソメ(顆粒)
…小さじ2/3
砂糖…小さじ2/3
黒胡椒…適量

虚無メーター
材料 ★★☆
心 ★★☆
財布 ★★☆

＋αアレンジ
・味変で粉チーズ
・追加で玉ねぎ、セロリ、きのこなど

チーズと黒胡椒で貴族になってください。

カッチョエペペ

黒胡椒は刻むと、香りが全然違うんでここだけ頑張ってほしい。

1 にんにくをみじん切り、粒の黒胡椒は包丁で粗く刻む。

2 フライパンにオリーブ油を熱し、にんにくを炒める。軽く色づいたら、Aを入れて沸かす。

3 2にパスタを加え、水分が大さじ1程度になるまで5分ほど煮詰める。（水分の調整は11p参考）

4 弱火にしてバターを絡めたら、粉チーズを入れて混ぜる。仕上げに黒胡椒と粉チーズ。

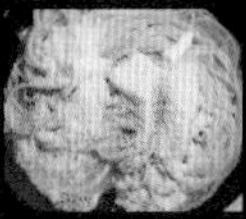

パスタが硬い場合は、水を少し足す

ポイント

チーズが固まるのを防ぐために盛りつける前に、お皿を30秒ほど温める！

材料（1人分）

パスタ（1.4mm）…100g
にんにく…1かけ

オリーブ油…小さじ1
バター…10g
粉チーズ…大さじ2

A
水…340cc
味の素…4ふり
塩…小さじ1/3

仕上げ
粒の黒胡椒…小さじ1強
粉チーズ…好みで

虚無メーター
材料 ★★★
心 ★★☆
財布 ★★★

＋αアレンジ
追加でベーコンやアスパラ

生クリームもチーズも入ってないのに、ウソみたいに濃厚。

虚無クリームパスタ

1 バターをレンジで10秒加熱し、薄力粉を加え、よーく混ぜる。

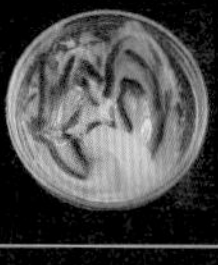

このバターペーストが、ホワイトソースの素になる！

2 フライパンに水とコンソメを入れて沸かす。パスタを加え、水分が飛ぶまで6分ほど煮詰める。（水分の調整は11p参考）

3 2に牛乳を入れて沸かし、1を加えてよく混ぜる。とろみがついたらナツメグをふる。

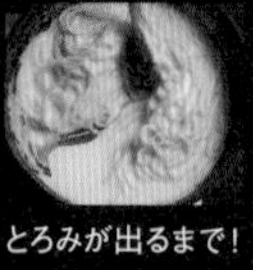

とろみが出るまで！

ポイント

バターと薄力粉を混ぜておくとダマを防げて、とろみがつく！

このホワイトソースの作り方は、フレンチでも使われる手法です。

材料（1人分）

パスタ（1.6mm）…100g

バター…10g
薄力粉…小さじ2
水…300cc
コンソメ（顆粒）
…小さじ1と1/2

牛乳…200cc
ナツメグ（あれば）…3ふり

仕上げ
黒胡椒…好みで

虚無メーター

材料	★★☆
心	★★☆
財布	★★☆

＋αアレンジ

- 追加でチーズ、ハム、シーフードミックス、きのこなど
- 味変でタバスコ

50円でできる最高のパスタです。

虚無パスタ

1
鍋にお湯と塩分濃度1%の塩を入れて沸かし(分量外)、パスタを表示通りゆでる。

2
かつおぶしを耐熱容器に入れ、レンジで50秒加熱する。(パスタがゆであがる直前でOK)

3
1のパスタの水気を切り、味の素を加えて混ぜたら、かつおぶしとAで仕上げ。

ポイント

かつおぶしが水分を吸うのでパスタの水気は切りすぎず、ある程度でOK

これぐっちゃぐちゃに混ぜて食うのがウマい。

材料(1人分)

パスタ(1.4mm)…100g
かつおぶし…4～5g

味の素…4ふり

Ⓐ
小ねぎ…適量
バター…15g
醤油…好みで

虚無メーター

材料 ★★★
心 ★★☆
財布 ★★★

+αアレンジ

納豆(余裕があればたたく)を入れても◎

缶詰だけで、栄養満点なのできちゃった。

サバ缶だけパスタ

1
フライパンにオリーブ油を熱し、にんにくを炒める。サバ缶の身だけ加えて、崩しながら炒める。

このひと手間でサバ缶の臭みが抜ける！

2
サバ缶の汁を入れて沸かし、Aを加える。

汁は1人分なら半分、2人分なら丸ごと！

3
再び沸かしパスタを入れて、写真くらい水分が飛ぶまで5分ほど煮詰める。（水分の調整は11p参考）

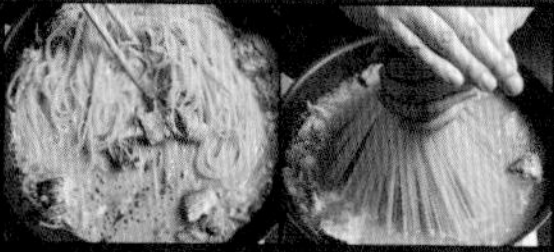

4
Bで仕上げ。

ポイント
パスタを2人分作るときは、水は1・6倍、それ以外は倍量

2人分のコツは11pを見てください。

材料（2人分）
（※は1人分の場合）
パスタ（1.4mm）
…200g（※100g）
サバ缶…1缶（※1/2缶）
にんにく（おろし）
…小さめ4かけ（※2かけ）
オリーブ油
…大さじ2（※大さじ1）

A
水…510cc（※320cc）
塩…小さじ2/3
（※小さじ1/3）
味の素…10ふり（※5ふり）

B
オリーブ油
…大さじ1（※大さじ1/2）
黒胡椒…適量
醤油…好みで

虚無メーター
材料 ★★☆
心 ★★☆
財布 ★★★

＋αアレンジ
追加で長ねぎ

TKGがあれだけうまいんだから、間違いない。

卵かけパスタ

1 フライパンにAを入れて沸かす。パスタを加え、水分が飛ぶまで5分ほど煮詰める。（水分の調整は11p参考）

2 火を止めて、バターを加えて混ぜたら、溶いた卵を入れる。

3 弱火にかけてよく混ぜ、ゆっくり火を通す。半熟になったら火を止める。好みで塩を加える。

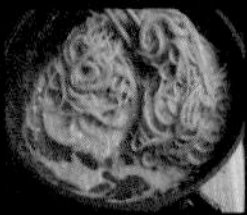

卵の液が垂れなくなるまで！

ポイント

先に卵は溶いておく！

パスタ界のニュースタンダード、爆誕。

材料（1人分）

パスタ(1.4mm)…100g
卵…1こ

バター…10g

Ⓐ
水…320cc
醤油…大さじ1
みりん…大さじ1
かつおぶし(ほぐす)…2g
味の素…5ふり
砂糖…ひとつまみ
塩…ひとつまみ

仕上げ
塩…好みで

虚無メーター
材料 ★★★
心 ★★☆
財布 ★★★

＋αアレンジ
・味変で七味
・追加でベーコン、鶏肉、三つ葉など

サンクチュアリ出版＝本を読まない人のための出版社

はじめまして。サンクチュアリ出版・広報部の岩田梨恵子と申します。この度は数ある本の中から、私たちの本をお手に取ってくださり、ありがとうございます。…って言われても「本を読まない人のための出版社って何ソレ??」と思った方もいらっしゃいますよね。なので、今から少しだけ自己紹介させてください。

ふつう、本を買う時に、出版社の名前を見て決めることってありませんよね。でも、私たちは、「サンクチュアリ出版の本だから買いたい」と思ってもらえるような本を作りたいと思っています。そのために"1冊1冊丁寧に作って、丁寧に届ける"をモットーに1冊の本を半年から1年ほどかけて作り、少しでもみなさまの目に触れるように工夫を重ねています。

そうして出来上がった本には、著者さんだけではなく、編集者や営業マン、デザイナーさん、カメラマンさん、イラストレーターさん、書店さんなどいろんな人たちの思いが込められています。そしてその思いが、時に「人生を変えてしまうほどのすごい衝撃」を読む人に与えることがあります。

だから、ふだんはあまり本を読まない人にも、読む楽しさを忘れちゃった人たちにも、もう1度「やっぱり本っていいよね」って思い出してもらいたい。誰かにとっての「宝物」になるような本を、これからも作り続けていきたいなって思っています。

sanctuary books

サンクチュアリ出版の主な書籍

頭のいい人の対人関係
誰とでも対等な
関係を築く交渉術

東大生が日本を
100人の島に例えたら
面白いほど経済がわかった！

なぜか感じがいい人の
かわいい言い方

貯金すらまともにできていま
せんが　この先ずっとお金に
困らない方法を教えてください！

考えすぎない人
の考え方

相手もよろこぶ 私もうれしい
オトナ女子の気くばり帳

ぜったいに
おしちゃダメ？

カメラはじめます！

学びを結果に変える
アウトプット大全

多分そいつ、
今ごろパフェとか
食ってるよ。

お金のこと何もわからないまま
フリーランスになっちゃいましたが
税金で損しない方法を教えてください！

カレンの台所

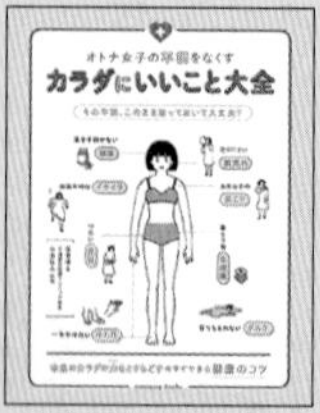

オトナ女子の不調をなくす
カラダにいいこと大全

図解 ワイン一年生

覚悟の磨き方
～超訳 吉田松陰～

クラブS
会員さまのお声

読みやすい本ばかりで
どの本も面白いです。

会費に対して、
とてもお得感が
あります。

電子書籍読み放題と、新刊以外
にも交換できるのがいいです。

サイン本もあり、
本を普通に購入
するよりお得です。

来たり来なかったりで気長に
付き合う感じが私にはちょうど
よいです。ポストに本が入って
いるとワクワクします。

自分では買わないであろう本を読ん
で新たな発見に出会えました。

オンラインセミ
ナーに参加して、
新しい良い習慣
が増えました。

何が届くかわからないわくわく感。
まだハズレがない。

本も期待通り面
白く、興味深いも
のと出会えるし、
本が届かなくて
も、クラブS通信
を読んでいると
楽しい気分にな
ります。

読書がより好きになりました。普段購
入しないジャンルの書籍でも届いて
読むことで興味の幅が広がりました。

自分の心を切り開く本に出会いまし
た。悩みの種が尽きなかったのに、
そうだったのか！！！ってほとんど悩
みの種はなくなりました。

蒲焼って、なんでこんなうめえんだろ。

虚無和風パスタ

1 フライパンにAを入れて沸かしパスタを入れる。

2 2分ほどしたらさんまの蒲焼缶(タレごと)とオリーブ油を入れる。さんまは適度に崩す。

3 写真くらい水分が飛ぶまで残り3分ほど煮詰める。(水分の調整は11p参考)

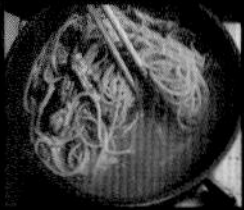

野菜入れる場合は、最初に炒めておいて、ぶちこんで。

材料(1人分)

パスタ(1.4mm)…100g
さんまの蒲焼缶…1缶

オリーブ油…小さじ2

A
水…320cc
酒…大さじ1
醤油…小さじ2と1/2
味の素…4ふり

仕上げ
マヨネーズ…好みで
七味…好みで

虚無メーター

材料 ★★★
心 ★★☆
財布 ★★☆

+αアレンジ
追加で、小松菜、ほうれん草、細切り大根、キャベツなどツナマヨは、おにぎりだけに許された特権じゃない。

虚無ツナパスタ

1 耐熱容器に半分に折ったパスタとAを入れて、ラップをせずレンジで10分加熱する。

2 ツナ缶、マヨネーズ、バターを加えて混ぜる。

罪深い味。

虚無メーター
材料 ★★☆
心 ★★★
財布 ★★★

材料（1人分）
パスタ（1.4mm）…100g
ツナ缶…1/2缶
マヨネーズ…24g
バター…5g

Ⓐ
水…260cc
めんつゆ（3倍濃縮）…小さじ4
砂糖…小さじ1/3
醤油…小さじ1/2
味の素…2ふり

仕上げ　黒胡椒…好みで

＋αアレンジ　追加できのこや玉ねぎ

昔、俺がガチでハマっていた「スパ王」の味でした。

虚無明太パスタ

1 耐熱容器に半分に折ったパスタとAを入れて、ラップをせずレンジで9分30秒加熱する。

2 明太子とBを加えて混ぜる。

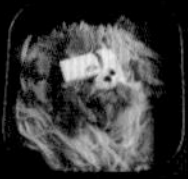

ポイント
明太子は皮ごとでOK

昔、こんな味が流行ってたんだなーっと体験してもらえれば。

虚無メーター
材料 ★★☆
心 ★★★
財布 ★★☆

材料（1人分）
パスタ（1.4mm）…100g
明太子…25g

Ⓐ
水…270cc
塩…小さじ1/4
オイスターソース…小さじ1
味の素…6ふり

Ⓑ
バター…8g
マヨネーズ…大さじ1
醤油…小さじ1

＋αアレンジ
・追加で刻みのり
・たらこで代用もOK

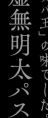

お茶づけ海苔で、
この発想はなかった。

虚無パスタ3

1 耐熱容器に半分に折ったパスタとAを入れて、ラップをせずレンジで9分加熱する。

2 お茶づけ海苔を加えて混ぜる。

お茶づけって
虚無の代名詞じゃね？

虚無メーター
材料 ★★★
心 ★★★
財布 ★★★

材料（1人分）

パスタ（1.4mm）…100g
永谷園のお茶づけ海苔…1袋

A
水…250cc　オリーブ油…小さじ1
バター…8g　醤油…小さじ1/2

仕上げ　黒胡椒…思ってる2倍

＋αアレンジ 味変でわさび

クノールがあれば
さらにラクうま。

虚無クリームパスタ2

1 耐熱容器に半分に折ったパスタと水、塩を入れて、ラップをせずレンジで9分30秒加熱する。

2 バターとクノール®カップスープポタージュを加えて混ぜる。

カップスープの素って、
マジで万能調味料。

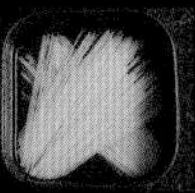

材料（1人分）

パスタ（1.4mm）…100g
クノール® カップスープ ポタージュ…1袋

水…320cc
塩…ふたつまみ
バター…10g

虚無メーター
材料 ★★★
心 ★★★
財布 ★★★

＋αアレンジ 追加でハムやきのこ

この卵ソースを知ったら、
もうめんつゆに戻れません。

貧乏人のそうめん

1 フライパンにオリーブ油を熱し、卵を2つ割り入れる。1つは半熟の目玉焼きにして取り出す。(トッピング用)

2 もう1つは両面を焼き、取り出す。(ソースの具用)

3 ボウルに2の卵、Aを入れ、卵を崩しながら混ぜる。1、2ともに冷凍庫で10分ほど冷やしておく。

4 そうめんを沸騰した湯(分量外)で表示より少し短くゆでる。ザルにあげて流水で洗ったら、氷水で冷やし、水気を軽く絞る。

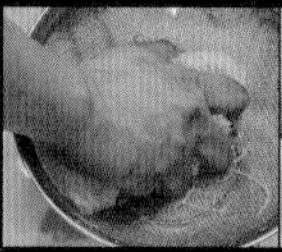

必ず氷水で!

5 そうめんと3のソースを絡めて器に盛り、目玉焼きをのせる。

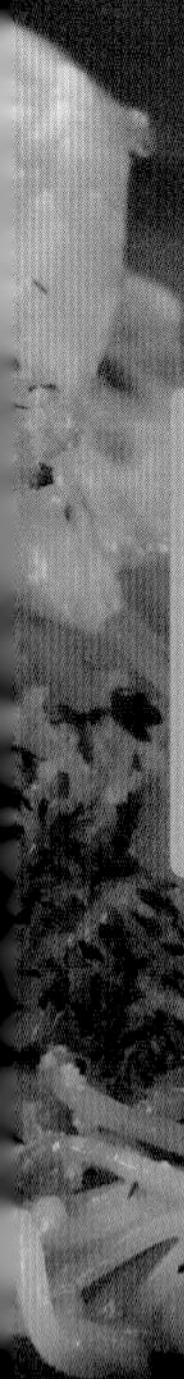

ポイント

揖保乃糸の場合、ゆで時間の目安は1分15秒

イタリア発祥「貧乏人のパスタ」のアレンジです。

材料(1人分)

手延べそうめん…100g

(手延べ以外の場合は19p参考)

卵…2こ

オリーブ油…適量

Ⓐ(ソース)

白だし…大さじ1

オリーブ油…大さじ1

塩…ひとつまみ

黒胡椒…適量

仕上げ

乾燥パセリ…好みで

粉チーズ…好みで

オリーブ油…好みで

虚無メーター

材料 ★★☆

心 ★★☆

財布 ★★★

+αアレンジ

味変でタバスコ

酒にも合う、そうめんチャンプル。

虚無油そうめん

1 そうめんを沸騰した湯（分量外）で30秒ゆで、ザルにあげる。流水で洗い、水気をよく絞る。

2 フライパンに油を熱し、1をサッと炒めたら、Aを入れて、素早く炒める。

麺が固まらないよう
スピード勝負！

ポイント

30秒でかためにゆでると炒めるときに麺がくっつきにくい

奄美地域の「油そうめん」をアレンジ。この炒め方を知ると、そうめんが年中無休になる。

材料（1人分）

手延べそうめん…100g
（手延べ以外の場合は19p参考）
サラダ油…大さじ1

Ⓐ
醤油…大さじ1
砂糖…小さじ1と1/2
ごま油…小さじ1
酒…小さじ2
味の素…4ふり
かつおぶし（揉む）…2g

仕上げ
小ねぎ…好みで
刻みのり…好みで
いりごま（ひねる）…好みで

虚無メーター

材料	★★★
心	★★☆
財布	★★★

＋αアレンジ

・味変でラー油
・追加でスパム、もやし、青菜、炒り卵

冷蔵庫で眠っていたシーフードミックスが蘇る。

まかない海鮮塩そうめん

1 ボウルにシーフードミックスとAを入れる。10分ほど解凍し、小さめにカットする。（エビの背ワタは取る）

2 別のボウルにBを入れて混ぜ、冷蔵庫で冷やす。（使う皿も冷やしておく）

3 沸騰した湯（分量外）に1とそうめんを入れ、1分ほどゆでる。

4 ザルにあげて流水で洗い、氷水で冷やす。水気をよく絞り、2のタレと和える。

ポイント

ボウルに氷水を用意しておく

背ワタは取ろうぜ。ウマイもん食うために。

材料（1人分）

手延べそうめん…100g
（手延べ以外の場合は19p参考）

冷凍シーフードミックス…100g

Ⓐ
水…200cc
塩…小さじ1

Ⓑ
（タレ）
これ！うま!!つゆ…小さじ4
水…大さじ1
黒胡椒…思ってる2倍
塩…ひとつまみ
レモン汁…小さじ1
オリーブ油…大さじ1

仕上げ
乾燥パセリ…好みで
黒胡椒…好みで
オリーブ油…少々

虚無メーター

材料	★★☆
心	★★☆
財布	★★★

＋αアレンジ

- 味変でタバスコ
- アスパラを一緒にゆでても◎

罪深いウマさ。これぞ必殺ズボラ飯。

わさびバター釜玉うどん

1 器に冷凍うどんを入れ、ラップをしてレンジで4分加熱する。（ゆでうどんの場合は、水を少しかけてから2分弱）

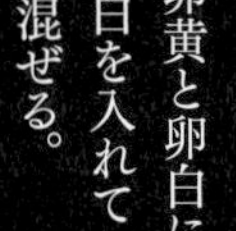

器が温かいうちにすぐ入れる！

2 卵を、卵黄と卵白に分ける。1に卵白を入れて全体を混ぜる。

3 Aを加えたら、バター、卵黄をのせ、わさびを添える。

ポイント

器ごと加熱すると卵白も加熱され、卵の味が濃厚に！

冷凍うどんは保存きくし、コシも強いから神。

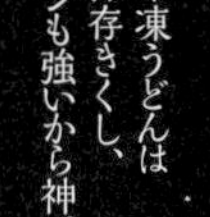

材料（1人分）

冷凍うどん…1玉（200g）
卵…1こ
バター…10g
わさび…適量

Ⓐ
めんつゆ（3倍濃縮）
…大さじ1と小さじ1/2
小ねぎ…好みで
かつおぶし（あれば）
…好みで

虚無メーター

材料 ★★★
心 ★★★
財布 ★★★

＋αアレンジ

味変で黒胡椒、粉チーズ

俺の実家の味を、焼かずにどうぞ。

虚無焼きうどん

1

かつおぶしを耐熱容器に入れる。ラップをせずにレンジで40秒加熱し、揉んで粉にする。

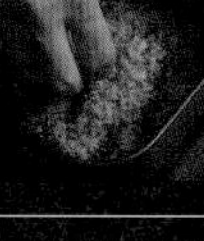

2

1に、Aと冷凍うどんを入れる。ラップをしてレンジで4分30秒加熱し、よく混ぜる。

（ゆでうどんの場合は、2分15秒）

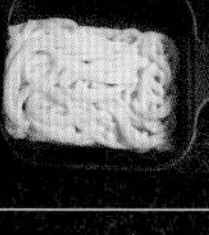

ポイント

野菜を追加の場合は、水気が出ちゃうので、別でレンチンしておく

オイスターソース+醤油は、味が深まる。

材料（1人分）

冷凍うどん…1玉(200g)
かつおぶし…2g

A
砂糖…ひとつまみ
塩…ひとつまみ（塩分が気になる場合はなしでもOK）
醤油…大さじ1/2
オイスターソース…大さじ1/2
サラダ油…小さじ2
味の素…3ふり
黒胡椒…適量

仕上げ
かつおぶし…好みで

虚無メーター

材料	★★★
心	★★★
財布	★★★

+αアレンジ

- 味変でマヨネーズ
- 追加で豚こま肉（加熱やや長めに）

実は ラー油

革命ラー油そば

1
かつおぶしを耐熱容器に入れる。ラップをせずにレンジで40秒加熱し、揉んで粉にしたら、器の中にAと入れて混ぜておく。

2
そばを表示通りにゆで、ザルにあげる。流水で洗い、水気を絞る。

3
そばを1と絡め、仕上げにBと卵黄をのせる。

ポイント
そば粉の割合が多いものは、しっかり洗う

ラー油はかなり入れろ。

そばは氷なしでOK

材料（1人分）
そば…80g
かつおぶし…2g
卵黄…1こ

Ⓐ（タレ）
醤油…大さじ1
砂糖…小さじ1と1/2
水…小さじ2
味の素…3ふり
ごま油…小さじ1

Ⓑ（仕上げ用）
小ねぎ…好みで
刻みのり…好みで
ラー油…たっぷり

虚無メーター
材料 ★★★
心 ★★☆
財布 ★★★

＋αアレンジ
好きな肉を一緒にゆでて肉そばも◎

焼いてないのに、この香ばしさ。

虚無焼きそば

1
かつおぶしを耐熱容器に入れる。
ラップをせずに
レンジで50秒加熱し、
揉んで粉にする。

2
1に焼きそば麺、もやし、A、
付属の粉末ソースを入れる。
ラップをしてレンジで
3分20秒加熱し、よく混ぜる。

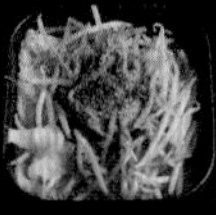

ポイント

「マルちゃん焼きそば」がおすすめ

かつおぶしが
余計な水分を吸って、
麺がモチモチになります。

材料（1人分）

焼きそば麺
（粉末ソース付き）
…1袋（150g）
もやし…100g
かつおぶし…2g

A
ラード（サラダ油でも可）…小さじ2
酒…大さじ1と1/2
オイスターソース…小さじ1
カレー粉…小さじ1/4
黒胡椒…適量

仕上げ
和からし…3～4㎝（麺とよく混ぜる）
マヨネーズ…好みで

虚無メーター

材料	★★★
心	★★★
財布	★★★

＋αアレンジ

追加で豚こま肉
（加熱やや長めに）

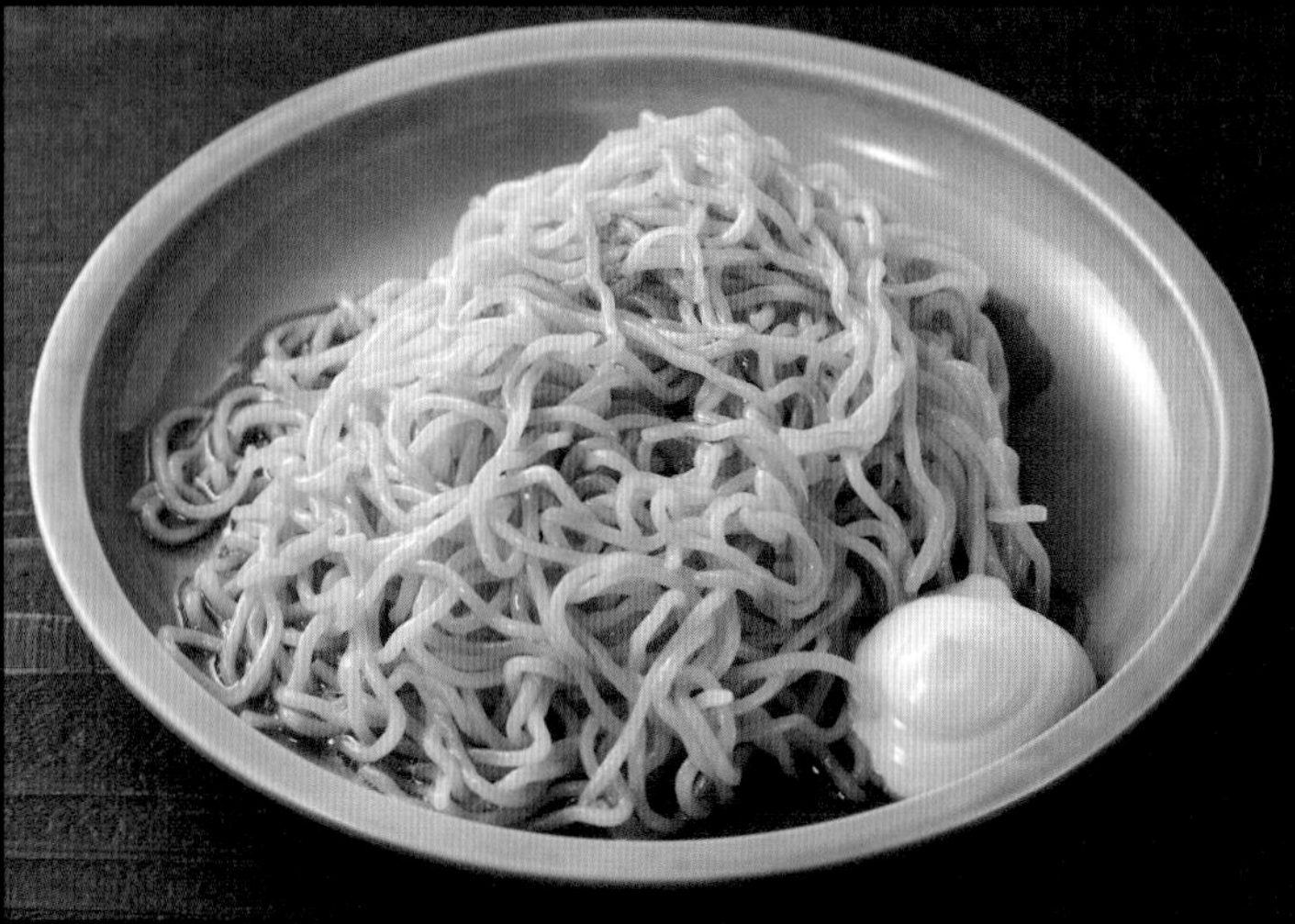

すぐ始められます。
なぜなら材料、中華麺。以上。

虚無冷やし中華

1 ボウルにAを入れてよーく混ぜ、冷凍庫で冷やしておく。

2 中華麺を沸騰した湯（分量外）で、表示より1分長くゆでる。

3 ザルにあげて流水で洗い、氷水で冷やす。水気を軽く絞り、1のタレに絡める。

冷やすときは
手が限界になるまで！

ポイント
焼きそば麺の場合はレンチンして水でしめておくと◎

冷やし中華には、マヨネーズでしょ。

材料（1人分）

中華麺…1玉（130g）
（焼きそば麺でも可）

Ⓐ（タレ）
醤油…大さじ1
酢…大さじ1
砂糖…小さじ2
ごま油…小さじ2
味の素…5ふり

仕上げ
マヨネーズ…好みで
ラー油…好みで

虚無メーター

材料	★★★
心	★★☆
財布	★★★

＋αアレンジ
追加できゅうり、ハム、目玉焼き

ひき肉ないのに、マジで店の味。

虚無担々麺

1
鍋にAを入れて、沸かす。

2
中華麺を沸騰した湯(分量外)で表示通りにゆで、水気を切って、1に入れる。

ポイント

焼きそば麺の場合は工程1で沸騰したら一緒に入れる

ゆでるのも面倒なら焼きそば麺がラク。

材料(1人分)

中華麺…1玉(130g)
(焼きそば麺でも可)

A
豆乳(無調整)…280cc
みそ…大さじ1/2
鶏ガラスープの素(顆粒)
…小さじ2
豆板醤…小さじ1/2
砂糖…小さじ1/3
醤油…小さじ1/2
すりごま…大さじ1
ごま油…小さじ1

仕上げ
いりごま…好みで
ラー油…好みで

虚無メーター

材料	★★★
心	★★★
財布	★★★

+αアレンジ

- 追加でひき肉やチンゲン菜
- 最後にネギをかける

これが、ネギ油の力だ。
上海のお母さん直伝。

虚無まぜそば

1 長ねぎとにんにくをみじん切りにする。

2 フライパンにラードを熱し、1を焦げる手前まで炒める。火を止め、Aを加えて混ぜる。

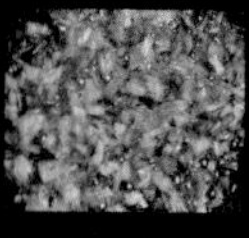

この色になるまで

3 中華麺を沸騰した湯(分量外)で表示通りにゆでる。水気を切り、2のタレを混ぜる。

ポイント

焼きそば麺の場合はレンチンしてタレと混ぜればOK

炒めてるときに水分が飛びすぎたら水を足して。

材料(1人分)

中華麺…1玉(130g)
(焼きそば麺でも可)
長ねぎ…30g
にんにく…1かけ

ラード(サラダ油でも可)
…大さじ1強

A
醤油…小さじ2
オイスターソース
…小さじ1
味の素…4ふり
砂糖…小さじ2/3
黒胡椒…適量

虚無メーター

材料	★★☆
心	★★☆
財布	★★★

＋αアレンジ
味変でラー油

たった数分で、店のスープになります。

虚無ラーメン

1 かつおぶしを耐熱容器に入れる。ラップをせずにレンジで30秒加熱し、揉んで粉にする。

2 鍋に、1とAを入れて沸かす。

3 焼きそば麺をレンジで1分加熱し、2に入れて軽くほぐす。

ポイント
麺レンチンでスープが冷めるのを防ぐ!

ハイミーあれば肉もいらねえんだ。

材料（1人分）
焼きそば麺
…1袋(150g)
(中華麺でも可)
かつおぶし…2g

Ⓐ
水…250cc
醤油…大さじ1と2/3
砂糖…小さじ1/2
ラード(サラダ油でも可)…大さじ1
にんにく(おろし)…1/3かけ
うま味だし・ハイミー®…8ふり
胡椒…適量

仕上げ
胡椒(黒胡椒でも可)…好みで

虚無メーター
材料 ★★★
心 ★★☆
財布 ★★★

+αアレンジ
追加で長ねぎ

和風だしがきいています。

虚無カレーうどん

1 鍋にAを入れてよく混ぜたら、火にかける。

虚無メーター
材料 ★★★
心 ★★☆
財布 ★★★

2 1が沸騰したら、冷凍うどんを入れて、ゆでる。

冷凍うどん、そのまま入れてOKです。

ポイント
片栗粉がダマになるのを防ぐために、しっかり混ぜる！

材料（1人分）
冷凍うどん…1玉(200g)

A
水…250cc	醤油…小さじ1
片栗粉…小さじ2	砂糖…小さじ1
これ！うま!!つゆ …大さじ2と1/2	カレー粉…小さじ2
かつおぶし…2g	ラード…5cm （サラダ油を大さじ1でも可）

＋αアレンジ 追加で油揚げ、小松菜、鶏肉など

器の中で作って、そのまま食えます。

虚無ラー油そうめん

1 かつおぶしを耐熱容器に入れる。ラップをせずにレンジで50秒加熱し、揉んで粉にする。

2 器に、1とAを入れて混ぜ、冷蔵庫で冷やしておく。

3 そうめんを表示より15秒短くゆでる。流水で洗い氷水で冷やしたら、よく絞り、2に入れる。

しょうがのきいたそばつゆ風だから、どの麺でも合う。

虚無メーター
材料 ★★★
心 ★★☆
財布 ★★★

材料（1人分）
そうめん…100g
かつおぶし…2g

A
水…200cc	砂糖…小さじ2と1/2
醤油…大さじ1と小さじ2	味の素…6ふり
	しょうが(おろし)…5g
	ごま油…小さじ1

仕上げ　揚げ玉…好みで　ラー油…好みで

＋αアレンジ 味変で七味

これ以上の背徳感は、ないと思う。

虚無味噌油そば

1 耐熱容器に焼きそば麺、Aを入れる。ラップをしてレンジで2分30秒加熱する。

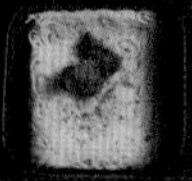

2 よく混ぜ、Bで仕上げ。

ポイント
余った「焼きそばソースの素」は、炒め物に使うと◎
ソース味でおいしいものは、何でも合う（豚こま肉、キャベツ、じゃがいも&ベーコンなど）

虚無メーター
材料 ★★★
心 ★★★
財布 ★★★

材料（1人分）
焼きそば麺…1袋（150g）

Ⓐ
砂糖…小さじ1/3　みりん…大さじ1　味の素…6ふり
みそ…小さじ2　酒…大さじ1　にんにく（おろし）…1/2かけ
醤油…大さじ1/2　ごま油…小さじ1　黒胡椒…適量

Ⓑ
（仕上げ）小ねぎ…適量　卵黄…1こ　バター…10g
かつおぶし…適量

＋αアレンジ
・味変でラー油、酢
・追加でサラダチキンやハム

さっぱり、だけどパンチのきいた味。

虚無塩油そば

1 耐熱容器に焼きそば麺、Aを入れる。ラップをしてレンジで2分30秒加熱する。

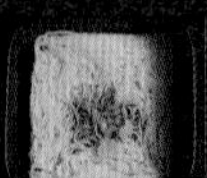

2 よく混ぜ、Bで仕上げ。

油そばのレパートリーはいくらあってもいい。ただし、週7で食うなよ。

虚無メーター
材料 ★★★
心 ★★★
財布 ★★★

材料（1人分）
焼きそば麺…1袋（150g）

Ⓐ
塩…ひとつまみ　オイスターソース…小さじ1
白だし…大さじ1　ごま油…小さじ2
酒…小さじ1と1/2　にんにく（おろし）…1/2かけ

Ⓑ
（仕上げ）
卵黄…1こ　黒胡椒…思ってる2〜3倍　レモン汁…適量

＋αアレンジ
・味変でラー油
・追加で長ねぎやもやし

Column

1000皿カルボナーラを作った俺の到達点

人生で一番多く作ったのがカルボナーラ。
1000皿以上は作ってきた。

これまで、いろんなチーズを試した。
パルミジャーノレッジャーノとか、ペコリーノってやつを
ブレンドして配分を変えてみたりと、あらゆる研究を重ねてきた。

結果、最強のレシピは何か。「ピザ用チーズで作るのが一番ウマい」だった。

そう。この本の「虚無ボナーラ」（24p参照）だ。
ここに、炒めたベーコンを入れる。今のところ、これが俺の到達点だ。

「作り方が邪道だ」と言われることもあるが、
俺が食べたいのは「本場のカルボナーラ」じゃなくて
「俺がウマいと思うカルボナーラ」だから。

YouTube動画一覧

虚無トマトパスタ	coming soon 虚無ミートソース	カッチョエペペ	虚無クリームパスタ	虚無パスタ	coming soon サバ缶だけパスタ
卵かけパスタ	虚無和風パスタ	coming soon 虚無ツナパスタ	虚無明太パスタ	虚無パスタ3	coming soon 虚無クリームパスタ2
貧乏人のそうめん	虚無油ぞうめん	まかない海鮮塩そうめん	わさびバター釜玉うどん	虚無焼きうどん	coming soon 革命ラー油そば
虚無焼きそば	虚無冷やし中華	coming soon 虚無担々麺	虚無まぜそば	虚無ラーメン	coming soon 虚無カレーうどん
虚無ラー油そうめん	虚無味噌油そば	虚無塩油そば			

6章

虚無でもたまには野菜を食え。

副菜

栄養が偏りがちな虚無に朗報。
野菜だけど、満足度の高い
自慢の一品たち。
酒のアテにも最高です。

嚙むとジュワッ。中とろっとろ。

本当においしいなすの油煮

1 かつおぶしを耐熱容器に入れる。ラップをせずにレンジで50秒加熱し、揉んで粉にする。

2 なすを乱切りにする。

3 フライパンに油を熱し、温まったら2を入れて、強火で炒める。全体に油がまわったら、1とAを加える。

4 フタをせず、弱めの中火で8〜9分、汁気がなくなるまで煮る。

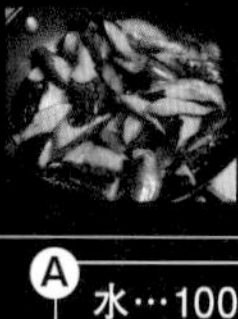

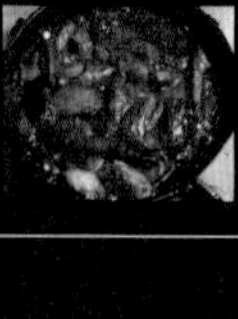

ポイント

炒めるときは、混ぜすぎないでしっかり火を通す！

ウマイだしがなすに溶けこんで最高。

材料（2人分）

なす…4本（300g）

かつおぶし…3g

サラダ油…大さじ2と1/2

Ⓐ
- 水…100cc
- 醤油…大さじ1と1/3
- 砂糖…大さじ1
- 味の素…3ふり

虚無メーター

材料	★★★
心	★★☆
財布	★★☆

＋αアレンジ

- 味変で七味
- 冷やして食べても◎

こういう食べ方があったのか!って感動するやつ。

サクサク塩ブロッコリー

1 ブロッコリーを房と茎に分ける。房はひと口大に、茎は表皮を切り落として乱切りにする。

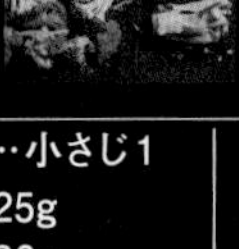

2 ボウルに1とAを入れて、よく揉みこむ。

3 フライパンに油を熱し、温まったら2を入れて、焼き色がつくまで揚げる。(2回に分けると◎)

ポイント

工程3の油は、箸を入れてブクブクと気泡が出たら温まったサイン

このカレー塩は、発明です。

材料(2人分)

ブロッコリー…1房300g(正味220g)
サラダ油…底から1cm

A
にんにく(おろし)…1かけ
アジシオ…小さじ2/3
黒胡椒…適量

サラダ油…小さじ1
片栗粉…25g
薄力粉…30g
炭酸水(水でも可)…大さじ4

仕上げ
黒胡椒…好みで
アジシオ…好みで
レモン…好みで

虚無メーター

材料	★★★
心	★☆☆
財布	★★☆

+αアレンジ

味変でカレー塩(カレー粉とアジシオを同量混ぜるだけ!)

俺の大根料理で、一番ウマいです。

無限サクサク大根

1 大根を皮つきのまま8㎜幅にいちょう切りする。耐熱容器に入れ、ラップをせずにレンジで1分加熱する。

2 1にAを入れて、よく揉みこむ。

3 バットに片栗粉を入れて、大根にまぶす。

4 フライパンに油を熱し、温まったら3を入れる。焼き色がついたらひっくり返す。

ポイント

最初にレンチンしているので少ない油でOK

余りがちな大根も立派なつまみに変身。

材料（2人分）

大根…200g

サラダ油…大さじ2と1/2

片栗粉…適量

A

にんにく（おろし）…1かけ

鶏ガラスープの素（顆粒）…小さじ1と1/2

黒胡椒…適量

仕上げ

アジシオ…好みで

黒胡椒…好みで

虚無メーター

材料	★★★
心	★☆☆
財布	★★☆

＋αアレンジ

味変でからしやゆず胡椒

1袋が秒で消えます。
「ゆでない」のがイタリア流。

ほうれん草のくたくた

1 ほうれん草の根元を切る。根元は捨てずに細かく切り分け、茎と葉の部分は3等分に切る。

2 ボウルに水を張って1を入れ、20〜30分浸ける。ザルにあげてよく絞り、水気を切る。

シュウ酸が抜けて、苦味やエグミが消える

3 フライパンを強火にかけ、2を入れる。シューッと音がなったらフタをして弱めの中火で5分蒸し、Aを加えて混ぜる。

ポイント
油はなしでOK!

白ワインにも合う。

材料（2人分）

ほうれん草
…1袋（200〜220g）

A
- バター…15g
- 塩…小さじ1/4
- 味の素…3ふり
- 黒胡椒…適量
- 粉チーズ…大さじ1

仕上げ
黒胡椒…好みで
粉チーズ…好みで

虚無メーター

材料	★★★
心	★☆☆
財布	★★☆

＋αアレンジ
味変でタバスコ

レンチンだけでやさしい味。

虚無塩きんぴら

1 耐熱ボウルの中でにんじんをスライサーでせん切りにする。

2 残りの材料をすべて加える。ラップをしてレンジで2分30秒加熱し、混ぜる。

虚無メーター
材料 ★★★
心 ★★☆
財布 ★★☆

ポイント
スライサーがあると便利

きんぴらの世界一早い作り方です。

材料（作りやすい分量）
にんじん…1本

味の素…3ふり
砂糖…小さじ2/3
塩…小さじ1/3
ごま油…小さじ2
いりごま…適量

＋αアレンジ 追加でハム

包丁すら使いません。

虚無ピーマン

1 耐熱ボウルに材料をすべて入れる。

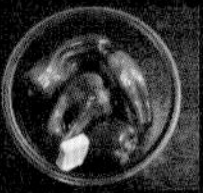

2 ラップをしてレンジで5分30秒加熱し、混ぜる。

虚無メーター
材料 ★★★
心 ★★★
財布 ★★☆

ぶちこむだけです。

材料（作りやすい分量）
ピーマン…5こ（140g）

バター…10g
醤油…大さじ1/2
オイスターソース…大さじ1/2
砂糖…小さじ1/2
味の素…2ふり

＋αアレンジ 味変で黒胡椒

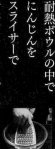

みんな大好き、
チョレギ的なうまさ。

無限海苔塩レタス

1 レタスは水気をよーく切っておく。

2 ボウルに1とAを入れ、混ぜる。のりを手でちぎり入れ、さらに混ぜる。

水気があるとウマくないので、絞ってくれ。

虚無メーター

材料	★★☆
心	★★☆
財布	★★☆

材料（作りやすい分量）

レタス…1/2玉（200g）
のり…2枚

Ⓐ
- 鶏ガラスープの素（顆粒）…小さじ1と1/2
- 水…大さじ1
- オイスターソース…小さじ1
- にんにく（おろし）…小さじ1/2
- 砂糖…小さじ1/3
- ごま油…小さじ2
- 塩…ひとつまみ
- すりごま…大さじ1

＋αアレンジ
- 味変でラー油
- 追加でツナ缶

これ、
居酒屋においてほしい。

合法アボカド漬け

1 アボカドをスライスし、長ねぎはみじん切りにする。

2 ボウルに1とAを入れ、混ぜる。

アボカドで飲めます。

虚無メーター

材料	★★☆
心	★★☆
財布	★★☆

材料（作りやすい分量）

大きめのアボカド…1こ
長ねぎ…20g

Ⓐ
- 醤油…大さじ1
- オイスターソース…小さじ1
- 水…小さじ2
- ごま油…小さじ1
- 砂糖…小さじ1
- 鷹の爪（輪切り）…適量
- にんにく（おろし）…1/2かけ
- 味の素…3ふり

＋αアレンジ　ごはんにのっけても◎

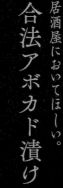

ふかして混ぜただけなのに、
市販の5倍うまい。

虚無ポテサラ

1 じゃがいもの皮をむき、ざく切りにする。耐熱容器にAと入れ、ラップをしてレンジで6分加熱する。

2 熱いうちにバターを加え、フォークでつぶし、少し冷ます。

3 冷凍庫に入れ、途中で混ぜながら10分ほど冷やし、Bを加えて混ぜる。

ポイント

熱いうちにマヨネーズを入れると、分離してしまうのでしっかり冷ます

皮をむくとこだけ虚無じゃないけど材料は虚無なんで。

材料（1人分）

じゃがいも
…2こ（正味240g）

バター…8g

A
コンソメ（顆粒）
…小さじ2/3
水…大さじ1

B
マヨネーズ…大さじ2
砂糖…小さじ1/3
塩…ひとつまみ
胡椒…好みで

虚無メーター

材料 ★★★
心 ★☆☆
財布 ★★☆

＋αアレンジ
・味変で黒胡椒
・追加で玉ねぎ、きゅうり、ベーコン
・パンにはさんでも◎

ゆで卵、わざわざ作らなくていいです。

虚無スパサラ

1　鍋にお湯と塩分濃度1%の塩を入れて沸かし(分量外)、半分に折ったパスタを入れる。

2回に分けて折ると、長さが揃いやすい

2　1分経ったら卵を割り入れる。表示時間の30秒前になったらザルにあげて水気を切り、空になった鍋に戻す。

卵はそのまま入れてOK!

3　2が熱いうちにAを加え、卵を崩しながらよく混ぜる。

ポイント

少々のカレー粉で、一気に「店の味」になる!

つまみの味。冷めてもうまいんで、弁当にも。

材料（1～2人分）

パスタ(1.4mm)…100g
卵…1こ

Ⓐ
マヨネーズ…大さじ2
ケチャップ…大さじ1/2
味の素…6ふり
塩…小さじ1/3
黒胡椒…思ってる2倍
カレー粉…小さじ1/3

虚無メーター

材料	★★★
心	★★☆
財布	★★★

＋αアレンジ

味変で粉チーズ

マヨとケチャップで、この味になると覚えておけ。

虚無マカロニサラダ

1 マカロニを沸騰した湯（分量外）でややかためにゆでて、ザルにあげ、水気を切る。

2 1をボウルに入れ、Aを加えて混ぜる。

このソース、何にでも使えるから。

虚無メーター

材料 ★★★

心 ★★☆

財布 ★★★

材料（1～2人分）

マカロニ…100g

Ⓐ
- マヨネーズ…大さじ3
- コンソメ（顆粒）…小さじ2/3
- ケチャップ…小さじ1と1/2
- 黒胡椒…適量
- 味の素…2ふり

＋αアレンジ 味変でタバスコ

下ゆで不要、ぶちこむだけ。

虚無チャプチェ

1 フライパンに油を熱し、みじん切りにしたにんにくを色づくまで炒めたら、Aを入れて沸かす。

2 春雨を加え、4～5分煮る。

3 春雨が水分を吸ったら、混ぜ合わせたBを入れてとろみをつけ、ごま油をまわしかける。

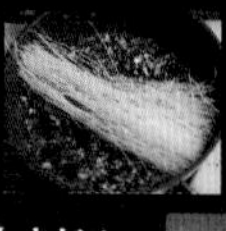

ポイント

春雨は、「緑豆春雨」を使う

虚無メーター

材料 ★★★

心 ★★☆

財布 ★★☆

材料（2人分）

緑豆春雨…50g

にんにく…1かけ

サラダ油…大さじ1

ごま油…小さじ1

Ⓐ
- 水…200cc
- 醤油…小さじ2
- 鶏ガラスープの素（顆粒）…小さじ1
- 砂糖…小さじ1
- 酒…大さじ1
- 黒胡椒…適量

Ⓑ
- 片栗粉…小さじ1/2
- 水…小さじ1

＋αアレンジ 追加でにんじん、ほうれん草、玉ねぎ、豚こま肉など中華料理店でも使われる手法です。

虚無もやし

1 耐熱ボウルにもやし、サラダ油を入れる。ラップをしてレンジで1分加熱したら、Aを入れて混ぜる。

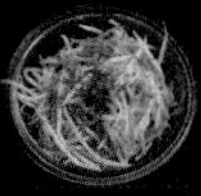

2 フライパンにBの油を熱し、にんにくを炒め、香りがしてきたら、1を入れて数秒炒め、ごま油をまわしかける。

ポイント

「レンチン」→「炒める」で、火が通りやすくなる！

虚無メーター
材料 ★★★
心 ★★☆
財布 ★★★

材料（2人分）
もやし…200g
サラダ油…大さじ1/2
にんにく(おろし)…1かけ
ごま油…小さじ1

A
味の素…6ふり
塩…小さじ1/4
オイスターソース…小さじ1
黒胡椒…適量

B
サラダ油…小さじ1

＋αアレンジ 追加で豚こま肉、鶏肉など

物価高を救う、究極の常備菜。

無限もやし漬け

1 長ねぎをみじん切りにする。耐熱ボウルにもやし、長ねぎを入れる。ラップをしてレンジで3分40秒加熱する。

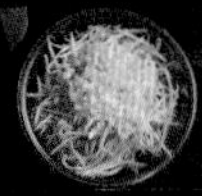

2 1をザルにあげ、流水で冷やしたら、水気をよく絞る。

3 保存容器に2とAを入れて和えたら、Bで仕上げ。

ポイント

冷蔵で2～3日保存OK

虚無メーター
材料 ★★★
心 ★★☆
財布 ★★★

材料（2～3人分）
もやし…400g　長ねぎ…1/3本(40g)

A
にんにく(おろし)…1かけ
鶏ガラスープの素(顆粒)…小さじ2
オイスターソース…小さじ2
酢…小さじ2
塩…ふたつまみ
黒胡椒…結構入れて大丈夫

B
(仕上げ)
ラー油…適量
ごま油…大さじ1
いりごま(ひねる)…適量

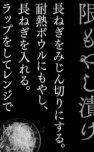

ゆでるな、炒めろ。新感覚の中華。

無限オクラ炒め

1 オクラはヘタを取りガクを剥ぎ、斜めに切る。(時間がない人は、ガク部分を切ってもOK)にんにくはみじん切りにする。

2 フライパンに油を熱し、にんにくと鷹の爪を入れ柴犬色になるまで炒める。

3 2にオクラとAを加え、最後に酒を入れて煮詰める。

少し汁気が残るように

ポイント
炒めちゃうので産毛は取らなくてOK

虚無メーター
材料 ★★★
心 ★★☆
財布 ★★☆

材料(作りやすい分量)
- オクラ…2パック(140g)
- にんにく…2かけ
- サラダ油…大さじ1と1/2
- 鷹の爪(輪切り)…2本
- 酒…大さじ4

A
- オイスターソース…小さじ2
- 鶏ガラスープの素(顆粒)…小さじ2/3

+αアレンジ 味変でラー油

鍋以外に、この手があるんです。

無限白菜

1 白菜を細切りにする。ボウルに塩と入れて、揉む。

2 水分が出てきたらザルにあげ、しっかり絞って水気を切る。

3 2をボウルにもどし、皮から取り出した明太子、Aを加えて、よく和える。

微妙に余る白菜、全部これにしたらいい。

虚無メーター
材料 ★★☆
心 ★☆☆
財布 ★★☆

材料(作りやすい分量)
- 白菜…1/8こ(300～350g)
- 明太子…1本
- 塩…小さじ1/2

A
- かつおぶし…2g
- ごま油…大さじ1
- 黒胡椒…思ってる3倍

仕上げ　ラー油…好みで

+αアレンジ 追加でツナ缶

俺の大好きな食べ方。

無限小松菜納豆

1 小松菜を細かく切る。

2 フライパンに油を熱し、1とAを炒める。

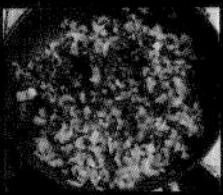

3 器に盛り、タレとからしを混ぜた納豆と絡める。

レシピというか、もはや食い方。

虚無メーター
材料 ★★☆
心 ★★☆
財布 ★★☆

材料（作りやすい分量）

小松菜…1袋（200g）
納豆…1パック
サラダ油…大さじ1

Ⓐ

塩…小さじ1/4	黒胡椒…適量
味の素…3ふり	かつおぶし…2g

＋αアレンジ ほうれん草やチンゲン菜で代用OK

ピリッと感がたまらない。

きゅうりの山椒漬け

1 きゅうりをたたき、食べやすい大きさに切る。

2 ポリ袋に1を入れ、塩をまぶし10分おく。

3 袋ごと絞って水気を切り、Aを入れて漬けたら、容器に出す。

たたければ、酒の瓶でも、包丁の背でもなんでもいいです。

虚無メーター
材料 ★★★
心 ★★☆
財布 ★★☆

材料（作りやすい分量）

きゅうり…3本（約300g）
塩…小さじ1

Ⓐ

醤油…大さじ1	山椒…小さじ1/2
オイスターソース…小さじ1	味の素…6ふり
酢…小さじ1	鷹の爪（輪切り）…2本

＋αアレンジ セロリ、ズッキーニ、白菜などで代用OK

Column

虚無ばっか食ってると死ぬぞ

虚無レシピはウマい。
たいていが糖と脂肪と塩分だから、ウマいにきまってる。

ただし、こればっかりだと栄養が偏るから、野菜も食え。
虚無ばっか食ってると死ぬぞ。

何度も言うが、虚無レシピはあくまでもベースの味。
アレンジ推奨だ。

虚無なときは、炭水化物だけで済ませてもいいが
ちょっと頑張れそうなときは、肉や野菜も食べてくれ。
体を壊すと、あとからお金もかかるから。

そして、ジャンク飯も楽しむ。それが強く生きる秘訣だ。
虚無おじさんとの約束だ。

YouTube 動画一覧

本当においしいなすの油煮	サクサク塩ブロッコリー	無限サクサク大根	ほうれん草のくたくた	coming soon 虚無塩きんぴら
coming soon 虚無ピーマン	coming soon 無限海苔塩レタス	coming soon 合法アボカド漬け	虚無ポテサラ	虚無スパサラ
coming soon 虚無マカロニサラダ	coming soon 虚無チャプチェ	coming soon 虚無もやし	無限もやし漬け	無限オクラ炒め
無限白菜	coming soon 無限小松菜納豆	coming soon きゅうりの山椒漬け		

7章

虚無な日こそ酔いしれたい。

おつまみ

酒がススムススム…。
飲み過ぎて、
虚無が加速するかもしれない禁断の味。
二日酔いやシメにも対応しています。

罪悪感ゼロ。
なんなら普通のチヂミよりウマい。

虚無チヂミ

1
ボウルに絹豆腐とAを入れ、なめらかになるまでよーく混ぜる。

2
フライパンに油を熱し、しっかり温まったら1を入れて広げる。

2人分作るときは
油の量も2倍に！

3
たまにフライパンを動かしながら3分ほど焼き、焼き色がついてきたら、ひっくり返す。反対の面も同様に焼く。

4
両面がパリッとしたら器に盛る。混ぜ合わせたBをタレにして食べる。

ポイント
油が低温だと、片栗粉が油を吸いすぎて油っぽくなるので注意

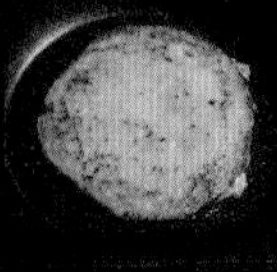

〜ひっくり返す裏技〜

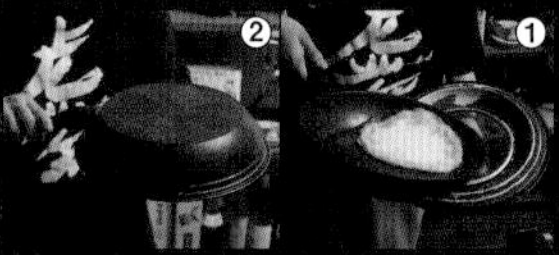

①フライパンのフタに、生地をスライドさせながらのせる
②フライパンを上からかぶせる
③そのままフライパンをひっくり返す

このタレ覚えておくと、刺身とかも韓国風になる。

材料（1人分）
絹豆腐…150g

ごま油…大さじ1

Ⓐ
鶏ガラスープの素（顆粒）…小さじ2/3
片栗粉…大さじ2と1/2

Ⓑ
（タレ）
砂糖…小さじ1
味の素…2ふり
醤油…大さじ1
酢…小さじ2
ラー油…適量

虚無メーター
材料　★★★
心　★★☆
財布　★★★

＋αアレンジ
・生地に追加でキムチ、納豆、ニラ、炒めた豚肉など
・味変でラー油

超ヘルシー！おつまみ界のピザ。

酒消滅ちくわ

1 ちくわを斜め薄切りにし、ボウルにチーズと入れて混ぜる。

2 フライパンをよく温めたら、1を平らに広げて、円形に整える。

3 焼き目がついてきたら、フライパンのフタにのせてひっくり返し、（１２６ｐ参考）反対の面も同様に焼く。

ポイント

チーズの油分があるので、油はなしでＯＫ

こう見えて実は低脂質。

材料（1人分）

ちくわ…3本（105g）
ピザ用チーズ…80g

仕上げ
黒胡椒…好みで
乾燥パセリ…好みで

虚無メーター

材料	★★★
心	★★☆
財布	★★☆

＋αアレンジ

味変でタバスコ、ケチャップ

このビジュアルで
ウマくないわけがない。

卵のアヒージョ

1 にんにくをつぶす。

2 鍋にオリーブ油、1、鷹の爪を入れて強火にかける。

3 シュワシュワしてきたら弱火にし、卵を割り入れて煮る。

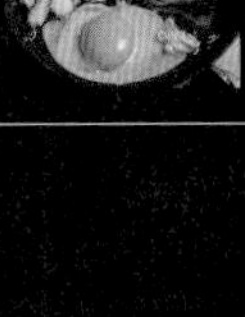

4 白身が少し固まってきたらアジシオをふる。

ポイント
にんにくは潰すと、香りがオイルにつきやすくなる

アヒージョは煮物です。
とにかく弱火で煮ろ。

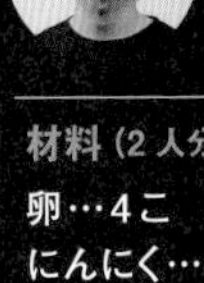

材料（2人分）

卵…4こ
にんにく…4かけ

オリーブ油…底から1cm弱
鷹の爪（輪切りでも可）…2本
アジシオ…12ふり

虚無メーター

材料	★★☆
心	★★☆
財布	★★☆

＋αアレンジ
焼いた食パンにのせても◎

漬け時間なし。食感、ほぼ肉。

えのきの合法唐揚げ

1 えのきの石づきを切り、食べやすい大きさに割く。

2 ボウルにえのきとAを入れてよく揉みこみ、水気を切る。バットに片栗粉を入れてえのきにまぶす。

3 フライパンに油を熱し、温まったら、2を入れて柴犬色になるまで揚げる。（2回に分けると◎。揚げたら油を切る）

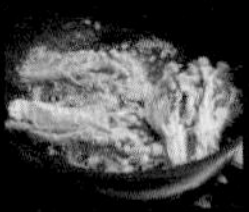

ポイント

えのきは、つながっている部分まで切り落とさないように注意！

安いえのきだってごちそうになる。

材料（2人分）

えのき…1袋(200g)

片栗粉…適量
サラダ油…底から1cm

Ⓐ
醤油…小さじ2と1/2
オイスターソース…小さじ1
味の素…4ふり
みりん…小さじ1と1/2
にんにく(おろし)…1かけ
ナツメグ(あれば)…3ふり
黒胡椒…思ってる2倍

虚無メーター

材料	★★★
心	★☆☆
財布	★★★

＋αアレンジ
味変でレモン

肉入ってないのに、肉の香りします。

虚無ナゲット

1 ボウルに木綿豆腐を入れ、手のひらで押して水分を抜く。(5回ほど)

2 1にAを入れ、なめらかになるまでよーく混ぜる。

3 フライパンに油を熱し、温まったら、2をスプーンですくって入れる。

4 焼き色がついたらひっくり返し、両面がいい色になったら取り出す。

勝手に固まるので、形は作らなくてOK

ポイント

スプーン山盛り1杯が1こ分になるイメージ

見た目、完全ナゲット。

材料(2人分)

木綿豆腐…1丁(350g)

Ⓐ
卵…1こ
鶏ガラスープの素(顆粒)…小さじ2
黒胡椒…適量
片栗粉…大さじ3
マヨネーズ…大さじ1

サラダ油…大さじ2〜3(底にたまるくらい)

虚無メーター

材料	★★★
心	★☆☆
財布	★★★

+αアレンジ

味変でタバスコ、マヨネーズ、ケチャップ

ほんとに厚揚げ?ってビビるやつ。

厚揚げのガーリックステーキ

1 にんにくをスライス、厚揚げは半分に切る。

2 フライパンに油を熱し、にんにくを炒めて柴犬色になったら取り出す。厚揚げを入れて、両面がこんがり焼けたら器に盛る。

3 2の空のフライパンにAを入れて沸かし、厚揚げにかけ、にんにくをのせる。

ポイント
厚揚げは、油抜きしなくてOK

材料（1人分）
- 厚揚げ…1袋
- にんにく…2かけ
- サラダ油…大さじ1

Ⓐ
- 醤油…大さじ1と1/2
- 酒…大さじ1と1/2
- みりん…大さじ1と1/2
- 味の素…5ふり

仕上げ　黒胡椒…好みで　乾燥パセリ…好みで

＋αアレンジ　ひき肉を入れても◎

虚無メーター
- 材料 ★★★
- 心 ★★☆
- 財布 ★★★

これを包む手があったか。

シャウエッセン餃子

1 シャウエッセンを餃子の皮で包む。

2 フライパンを温めたら、1と水を入れ、フタをして蒸す。

3 水分がなくなったら油を入れ、焼き色をつける。Aを混ぜてタレにする。

ポイント
蒸すときは、油なしでOK

シャウエッセンだけでウマいから、特に何もない。

材料（1～2人分）
- シャウエッセン…6本
- 餃子の皮（大判）…6枚
- 水…50cc
- サラダ油…適量

Ⓐ
（タレ）
- 醤油…好みで
- ラー油…好みで
- 酢…好みで

＋αアレンジ　味変でケチャップやマスタード

虚無メーター
- 材料 ★★☆
- 心 ★★☆
- 財布 ★★☆

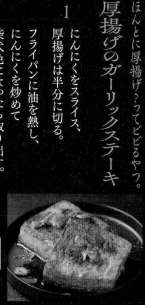

ピリ辛がクセになる。

ペペロンチーノ餃子

1 冷凍餃子を表示通りに焼く。

2 1にオリーブ油を熱し、スライスしたにんにくを炒める。色づいたら豆板醤を加えてさらに炒める。

ポイント
仕上げにアジシオと小ねぎをかけて、酢をつけて食べる！

豆板醤はあると便利。

材料（1〜2人分）
冷凍餃子…12こ
にんにく…2かけ
オリーブ油…大さじ1
豆板醤…小さじ1

仕上げ
アジシオ…好みで
小ねぎ…好みで
酢…好みで

虚無メーター
材料 ★★☆
心 ★★☆
財布 ★★☆

ぜったいみんな大好きな味。

餃子のピザ風

1 冷凍餃子を耐熱容器に並べ、混ぜ合わせたAをかける。

2 1にチーズをのせ、トースターで約10分、焼き色がつくまで焼く。

虚無感ないだろ、これ。

虚無メーター
材料 ★★☆
心 ★★☆
財布 ★★☆

材料（1〜2人分）
冷凍餃子…6こ
ピザ用チーズ…40g

A
ケチャップ…大さじ1と1/2
マヨネーズ…大さじ1
コンソメ（顆粒）…小さじ1/4
にんにく(おろし)…1/3かけ

仕上げ　黒胡椒…好みで　乾燥パセリ…好みで

＋αアレンジ　ピーマンやウインナー、玉ねぎを加えてチーズと焼くと、さらにピザ感が出る！

このラクさは反則だろ。

虚無ガーリックシュリンプ

1 にんにくをみじん切りにする。

2 フライパンにバターを熱し、1とエビシューマイを炒めたら、アジシオをふる。

そろそろエビに怒られそうです。

虚無メーター
材料 ★★☆
心 ★★☆
財布 ★★☆

材料（1～2人分）
- 冷凍エビシューマイ…12こ
- にんにく…2かけ
- バター…10g
- アジシオ…5～6ふり

仕上げ
- 黒胡椒…好みで
- レモン…好みで

+αアレンジ パンにのせても◎

これぞ無双おつまみ。

秒殺酒泥棒ユッケ

1 キムチをざく切りにしてボウルに入れ、納豆、Aを入れて混ぜる。

2 器に盛り、Bで仕上げ。

ポイント
国産の甘いキムチがおすすめ

ごはんにのせて丼にしてもウマイっす。

虚無メーター
材料 ★★☆
心 ★★☆
財布 ★★☆

材料（1～2人分）
- キムチ…120g
- 納豆（小粒）…1パック

A
- 焼肉のタレ…小さじ1強
- みそ…小さじ1/3
- ごま油…小さじ1
- 味の素…1ふり

B
- 小ねぎ…好みで
- いりごま…好みで
- 卵黄…1こ
- ラー油…好みで

+αアレンジ 焼きのりで巻いて食べると◎

豪快にいっちゃって。

巣ごもりもやし

1 フライパンにラードを熱し、もやしとAを入れて炒める。

2 中央に卵を割り入れ、フタをして火を通す。

独身男性の飯なんて、こんなもんです。

虚無メーター

材料	★★★
心	★★☆
財布	★★★

材料（2人分）

もやし…200g

卵…2こ

ラード…大さじ1

A
鶏ガラスープの素（顆粒）…大さじ1/2
黒胡椒…適量

仕上げ　ラー油…好みで　醤油…好みで

＋αアレンジ　追加でベーコンやソーセージ、玉ねぎなど

二日酔いの俺を救った、最強の回復飯。

虚無マロニー

1 鍋にAを入れて、沸かす。

2 1にマロニーを入れて、4分ほど煮る。

大阪で食べたマロニーのおでんが忘れられなくて。

虚無メーター

材料	★★★
心	★★☆
財布	★★★

材料（1人分）

マロニー…50g

A
かつおぶし（揉んで細かくする）…3g
水…300cc
味の素…4ふり
塩…小さじ1/2
醤油…小さじ1
みりん…小さじ1
酒…大さじ1

仕上げ（あれば）　いりごま…好みで
からし…好みで　小ねぎ…好みで

＋αアレンジ　追加でひき肉、小松菜、白菜、ほうれん草など

サラサラが正解です。
いいですか、ごはんを洗うんですよ。

虚無雑炊

1 鍋にAを入れて、沸かす。

2 ごはんをザルに入れ、流水で洗ったら、水気を絞る。

3 1に、2を入れて沸かす。
（その間に卵を溶いておく）

4 溶いた卵を箸に伝わせながら流し入れる。弱火にして卵を半熟にする。

ポイント
パックごはんの場合チンせずそのまま洗ってOK

ごはんを洗うのが「雑炊」、洗わないのが「おじや」。

でんぷんを流すことで、サラサラに仕上がる！

材料（1人分）
ごはん…200g
卵…1こ

Ⓐ
かつおぶし（揉む）…2g
水…200cc
味の素…4ふり
塩…小さじ1/3
醤油…小さじ2
みりん…小さじ2

虚無メーター

材料	★★★
心	★★☆
財布	★★★

＋αアレンジ
- 味変でゆず胡椒、七味
- 追加でもやしやきのこ

シメに革命がおきました。

生ハムチーズおにぎり

1 ボウルにごはん、ちぎった生ハム、Aを入れてよーく混ぜる。

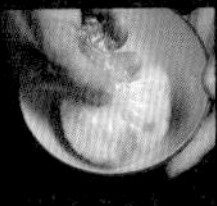

にぎらなくてOK！

2 お茶碗にラップをひき、1の半分を包んでねじる。残りも同様にする。

3 フライパンを火にかけ、チーズを2か所に分けて入れる。溶けてきたら、それぞれに2を置く。

油なしでOK！

4 チーズが溶けてパリッとしてきたら、ヘラでごはんにくっつけてひっくり返す。反対の面も焼いたら、のりの上にのせる。

材料（1人分）

- ごはん…200g
- 生ハム…25g
- ピザ用チーズ…20g
- のり（おにぎり用サイズ）…2枚

A

- 塩…ひとつまみ
- コンソメ（顆粒）…小さじ1/2
- 黒胡椒…思ってる3倍
- オリーブ油…小さじ1

仕上げ

- オリーブ油…好みで
- 乾燥パセリ…好みで

虚無メーター

材料	★★☆
心	★☆☆
財布	★★☆

＋αアレンジ

- ハムや炒めたベーコンで代用OK
- 具に追加で、枝豆やツナも◎

Column

全員から好かれるのは無理です

人ってのは、いろいろいます。

「酔っ払いの料理研究家が、テンション高く料理するのがいい」
って言う人もいれば、
「二日酔いの料理研究家が、不愛想に料理するのしか見たくない」
って人もいる。

（虚無のおじさんが料理してるのなんて、
何がおもしろいんだと思うけど、ありがたいっす）

俺は虚無状態のとき、人にまったく気をつかえないし、愛想もないです。
虚無なんでしょうがない。

すべての人間に好かれるなんて、無理。
すべての人に合わせるなんて、無理。

でも、それでいいんじゃね？

虚無おじさんのひとりごとです。

YouTube動画一覧

虚無チヂミ	酒消滅ちくわ	卵のアヒージョ	えのきの合法唐揚げ	虚無ナゲット
coming soon	coming soon	coming soon	coming soon	coming soon
厚揚げのガーリックステーキ	シャウエッセン餃子	ペペロンチーノ餃子	餃子のピザ風	虚無ガーリックシュリンプ
	coming soon			
秒殺酒泥棒ユッケ	巣ごもりもやし	虚無マロニー	虚無雑炊	生ハムチーズおにぎり

8章

虚無な心を温める。

鍋&スープ

ソッコー作れるのに、
圧倒的な満足感。
すき焼きから、韓国風、中華風、洋風まで
気分に合わせてどうぞ。

大事なのは、入れる順番だけ。

無限豚えのき

1 えのきの石づきを切る。豚ばら肉は3等分に切る。

2 フライパンにえのきをほぐして入れ、その上に豚ばら肉をのせる。Aを加えてフタをし、5分蒸す。

3 Bを混ぜ合わせ、好みの量を2にかける。

ポイント

食材カットは、調理バサミを使うとラク

おいしさと手間がまったく比例してません。

「えのきが下」で、肉のうま味が染み込む！

材料（2人分）

えのきⅽ…1袋（200g）
豚ばら肉…200g

A
酒…大さじ2
塩胡椒…適量

B
（タレ）
豆板醤…小さじ1
ごま油…小さじ1
醤油…大さじ1と1/2
酢…大さじ1
味の素…4ふり

仕上げ
小ねぎ…好みで
いりごま…好みで

虚無メーター

材料	★★☆
心	★★☆
財布	★★☆

＋αアレンジ
味変で花椒塩

キャベツ半玉、余裕です。

超痩せキャベツ鍋

1 キャベツをざく切りにする。

2 フライパンに1とAを入れ、フタをして強めの中火で10〜12分、くたっとするまで煮る。

3 鶏むね肉を半分に切ってからそぎ切りにし、Bをまぶす。（煮ている間に行うと◎）

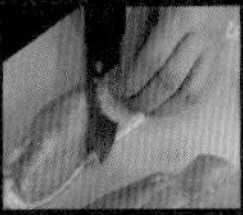

4 2の上に、3を広げながらのせ、フタをして2〜3分煮る。（肉に赤いところがあればひっくり返す）Cで仕上げ。

ポイント

薄力粉で保湿して肉がパサパサになるのを防ぐ

材料（2〜3人分）

キャベツ…1/2こ(500g)
鶏むね肉…350〜380g

A
水…700cc
酒…50cc
鶏ガラスープの素(顆粒)
…大さじ1と1/2
かつおぶし
(揉んで細かくする)…2g
塩…小さじ1/3

B
塩…ふたつまみ
薄力粉
…大さじ2と小さじ1

C
(仕上げ)
黒胡椒…けっこうたくさん
オリーブ油…大さじ1

虚無メーター

材料 ★★☆
心 ★☆☆
財布 ★★☆

＋αアレンジ

- 味変でゆず胡椒や山椒
- シメにうどんやごはんを入れても◎

二度と鍋つゆ買わなくなる。

虚無鍋

1 鍋にAともやしを入れて、フタをして煮る。

2 豚こま肉にBを、よーくまぶしておく。

3 1が沸騰したら2を入れる。フタをして、肉の色が変わるまで煮る。

ポイント

片栗粉で保湿することで、豚こま肉が硬くならない！

シメで雑炊にする場合は
136ページ見て。
ごはん洗って。

材料（1人分）

もやし…200g
豚こま肉…100g

Ⓐ
水…250cc
塩…小さじ1/2
醤油…小さじ2
みりん…小さじ2
かつおぶし…2g
味の素…4ふり

Ⓑ
片栗粉…小さじ1弱
酒…大さじ1/2

虚無メーター

材料	★★☆
心	★★☆
財布	★★☆

＋αアレンジ

- 味変で七味
- シメにごはんと卵で雑炊

肉もアサリもいりません。

虚無スンドゥブ

1 鍋にAと、豆腐をスプーンですくって入れ、フタをして煮る。
（豆腐は大きめでOK！）

2 沸騰したら3〜5分煮る。味見して、好みで塩を足す。

ポイント

辛いのが苦手なら一味唐辛子はなしでもOK

コチュジャンは、コチュマヨにして肉炒めてもウマい。

材料（2人分）

絹豆腐…300g

Ⓐ
- 水…240cc
- 砂糖…小さじ1/2
- 塩…ひとつまみ
- 一味唐辛子…小さじ1/3
- 醤油…小さじ1/2
- 白だし…大さじ1と1/2
- コチュジャン…大さじ1と1/2
- にんにく(おろし)…1かけ
- ごま油…大さじ1

仕上げ

塩…好みで

虚無メーター

材料	★★★
心	★★☆
財布	★★★

＋αアレンジ
- 追加で卵や豚肉
- シメにごはんやうどんを入れても◎

牛肉は高いじゃないですか。

虚無すき焼き

1 油揚げを2㎝幅に切り、小さめのフライパンに並べる。

2 Aを加えて沸かし、1分ほど煮る。溶き卵につけて食べる。

ポイント

油揚げは油抜きしなくてOK

めんつゆに砂糖入れると割り下になるんで覚えておいた方がいい。

材料（1人分）

油揚げ…2〜3枚

卵…1こ

A
- めんつゆ（3倍濃縮）…大さじ3
- 水…120cc
- 砂糖…大さじ1

虚無メーター

材料	★★★
心	★★☆
財布	★★★

＋αアレンジ
- 味変で七味
- ごはんにのせても◎

この楽しみ方は盲点でした。

虚無すき焼き2

1 しらたきをぬるま湯で洗い、水気を切る。ハサミで半分の長さに切る。

2 小さめのフライパンに1とAを入れて沸かし、水分がなくなる手前まで煮詰める。溶き卵につけて食べる。

ポイント

牛脂が、牛の香りや脂身を演出

すき焼きの具で一番ウマいのって牛じゃなくて、しらたきじゃね？

材料（1人分）

しらたき…200g
卵…1こ

A

砂糖…小さじ2
醤油…小さじ4
みりん…大さじ1
味の素…5ふり
牛脂…1/2こ

虚無メーター

材料	★★★
心	★★☆
財布	★★★

＋αアレンジ

・溶き卵を半分残しておき、しらたきと加熱して半熟で食べても◎

なんちゃって四川風。まるで火鍋。

麻辣餃子スープ

1 にんにくをみじん切り、長ねぎは小口切りにする。

2 フライパンにごま油を熱し、強火でにんにくを炒める。パチパチ音がしたら、中火にして豆板醤を加え、水気がなくなるまで炒める。

3 A、長ねぎ、冷凍餃子を加え、5～6分煮る。

ポイント

味が濃い場合は、水を20～30cc入れて調整する

まだ餃子、焼いているんですか?

材料（2人分）

冷凍餃子…12こ
にんにく…2かけ
長ねぎ…1/2本(60g)
ごま油…大さじ1
豆板醤…小さじ2

Ⓐ
水…350cc
砂糖…小さじ1
鶏ガラスープの素（顆粒）…小さじ2
醤油…小さじ1
オイスターソース…小さじ1
酒…大さじ1
黒胡椒…適量

仕上げ
いりごま…好みで
ラー油…少々

虚無メーター

材料 ★★☆
心 ★★☆
財布 ★★☆

＋αアレンジ

追加できのこ、もやし、春雨など

「手がこんでる風」が一瞬で。

焦がしピーマンのポトフ

1 フライパンにオリーブ油を熱し、ピーマンとソーセージを焼く。

2 1にAを加え、沸かす。

包丁すら使わないのに、オシャレ感出る。

材料（2人分）

ピーマン…5こ
ソーセージ…5本
オリーブ油…大さじ1

Ⓐ
水…350cc
コンソメ（顆粒）…小さじ2
黒胡椒…適量

虚無メーター

材料	★★☆
心	★★☆
財布	★★☆

＋αアレンジ

追加でレンチンしたじゃがいも、くし切りにした玉ねぎなど

中華料理店で炒飯頼むと
必ずついてくるあれ。

虚無スープ

1 長ねぎを小口切りにし、器に入れる。

2 鍋にAを入れて沸かし1にそそぐ。

これに麺入れたら、完全にうまい醤油ラーメンです。

材料（1人分）

長ねぎ…食べたい分だけ

A
- 水…450cc
- 酒…大さじ1
- 醤油…小さじ2
- オイスターソース…小さじ2
- 創味シャンタン…小さじ1（鶏ガラスープの素を1.6倍でも可）
- 白だし…大さじ1/2
- 味の素…4ふり
- ラード…5～6cm（サラダ油を大さじ1でも可）
- 胡椒…適量
- ごま油…小さじ1

虚無メーター

材料 ★★★
心 ★★☆
財布 ★★☆

＋αアレンジ
- 追加でワカメ
- 工程2で焼きそば麺を入れても◎

甘いコーンとふわふわ卵がたまらない。

中華風コーンスープ

1 鍋にコーンクリーム缶とAを入れ、混ぜながら沸かす。

2 よく混ぜ合わせたBを、1に入れる。弱火にして、すぐ混ぜたら少し火を強めてとろみをつける。
（溶き卵を作っておく）

3 再び弱火にして、2を混ぜながら、溶き卵を少しずつ流し入れる。卵が固まるまで数秒待つ。

「コーン缶」ではなく「コーンクリーム缶」

ポイント
溶き卵を入れたら、混ぜすぎない！

これにラー油と酢をたらしたら、酸辣湯風になる。

材料（1人分）

コーンクリーム缶…1/2缶（210g）
卵…1こ

Ⓐ
水…300cc
創味シャンタン…小さじ1と1/3
（鶏ガラスープの素を小さじ2でも可）
胡椒…適量
オイスターソース…小さじ1

Ⓑ
片栗粉…大さじ1/2
酒…大さじ1

虚無メーター
材料 ★★☆
心 ★★☆
財布 ★★☆

＋αアレンジ
味変でラー油と酢

ツバ飲み込むほどウマいです。

虚無クッパ

1 鍋にAと長ねぎを入れて、沸かす。
（長ねぎはハサミで刻んでOK）

2 長ねぎが煮えたら、ごはんを入れて、ごま油をまわしかける。

ポイント

クッパはごはんを煮込まない！

ダシダは溶かすだけで韓国風の牛肉スープになる最強の調味料。

虚無メーター
材料 ★★☆
心 ★★☆
財布 ★★☆

材料（1人分）
ごはん…200g
長ねぎ…30〜40g

Ⓐ

水…300cc	オイスターソース…小さじ1/2
ダシダ…大さじ1/2	黒胡椒…適量
醤油…小さじ1/2	酒…大さじ1

仕上げ　ごま油…好みで

＋αアレンジ　追加でにんじん、きのこ、溶き卵など

レンチンでふわふわ。

虚無茶碗蒸し

1 ボウルに卵を割り入れて、Aを加えて混ぜる。

2 1をザルなどでこしながら、耐熱の器に入れる。

3 ラップをせずレンジで1分40秒加熱したら、次に200Wで1分40秒加熱する。

湯呑みぐらい厚めの器がおすすめ。

虚無メーター
材料 ★★★
心 ★★☆
財布 ★★★

材料（1人分）
卵…1こ

Ⓐ
水…150cc
白だし…大さじ1
塩…ひとつまみ
砂糖…ひとつまみ

＋αアレンジ　追加でカニカマ、かまぼこ、三つ葉など

ホッとするやさしい味。

トマ玉スープ

1 トマトをざく切りに、ベーコンはひと口大に切る。

2 鍋に1とAを入れて沸かす。

3 溶き卵を流し入れる。

野菜も食べような。

虚無メーター
- 材料 ★★☆
- 心 ★★☆
- 財布 ★★☆

材料（1人分）
- トマト…1こ（160g）
- ベーコン…35g
- 卵…1こ

A
- 水…350cc
- コンソメ（顆粒）…小さじ2
- 醤油…大さじ1/2
- 砂糖…小さじ1/2
- オリーブ油…大さじ1
- 黒胡椒…適量

＋αアレンジ　追加でレタス

「痩せメシ感」ゼロです。

ブロッコリーの痩せポタージュ

1 ブロッコリーとベーコンを、食べやすいサイズに切る。

2 鍋にバターを熱し、ベーコンを炒めたら、Aとブロッコリーを加える。

3 ブロッコリーがくたくたになるまで煮たら、豆乳を加えて沸かす。

ブロッコリーは崩すと、溶けてポタージュっぽくなる。

材料（1人分）
- ブロッコリー…正味220g
- ベーコン…35g
- バター…10g
- 豆乳…300cc

A
- 水…200cc
- コンソメ（顆粒）…小さじ2と1/2
- 塩胡椒…適量

仕上げ　黒胡椒…好みで
　　　　オリーブ油…好みで

虚無メーター
- 材料 ★★☆
- 心 ★★☆
- 財布 ★★☆

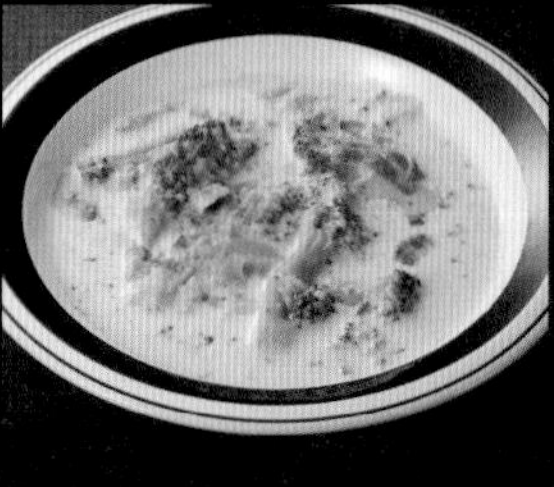

＋αアレンジ　ベーコンをシーフードミックスにしてクラムチャウダー風

Column

準備から、虚無は始まっている

節約は頭脳戦だ。
そりゃあいい食材があれば、
それ自体にパワーあるからなんとでもなるけど、
安い食材でウマいもの食うには、
頭を使わなきゃいけない。

ここまで紹介してきたテクニックはもちろんだが、
日持ちする食材や、適切な保存方法を知っているか、
そういう知識も大事になってくる。

たとえば、
うどんは冷凍を常備しておけば、賞味期限の心配がないし、
中途半端に残りがちなトマト缶だって、冷凍保存すれば腐らせない。

（余談だが、手延べそうめんは、1年前のビンテージものが実はウマかったりする）

最低限の知識、ロジック、テクニックで、
いつでも虚無になれる準備をしておく。
俺くらいの虚無ニストを目指すなら、
心にとめておいてほしい。

YouTube 動画一覧

無限豚えのき	超痩せ キャベツ鍋	虚無鍋	虚無スンドゥブ	虚無すき焼き
虚無すき焼き2	麻辣餃子スープ	coming soon 焦がしピーマンの ポトフ	虚無スープ	中華風 コーンスープ
虚無クッパ	coming soon 虚無茶碗蒸し	coming soon トマ玉スープ	coming soon ブロッコリーの 痩せポタージュ	

9章

虚無をとことん甘やかす。

スイーツ

甘いものは虚無を救う。
ひと手間加えるだけで
マジで店感出ます。

浸さないで、この高級感。

虚無フレンチトースト

1 耐熱容器にバターを入れ、ラップをせずレンジで20秒加熱する。

2 ボウルにAと1を入れて、よく混ぜる。

3 フライパンに油を熱し、2を流し入れて形を整える。両面に焼き色がつくまで焼く。

ポイント

「パン粉＋溶かしバター」で生地にしっかり味が染み込んでウマい！

パン粉って日持ちするから、実は超優秀。

材料（1人分）

バター…5g
サラダ油…小さじ2

A
卵…1こ
パン粉…35g
牛乳…60g
砂糖…小さじ1

仕上げ
バター…8g
ケーキシロップ（はちみつやメープルシロップでも可）…好みで

虚無メーター

材料	★★☆
心	★★☆
財布	★★☆

＋αアレンジ

- 工程2に、バニラエッセンスで香りを足す
- アイスをのせても◎

この生地は、発明だと思う。

虚無クレープアイス

1 春巻の皮を半分に切り、水を全体にかけてなじませる。

2 1でアイスを巻く。

お子さんにも喜んでもらえるはず。

材料（2人分）
アイスバー…2本
春巻の皮…1枚
水…大さじ1

仕上げ
イチゴソース…好みで
チョコソース…好みで

虚無メーター
材料　★★☆
心　★★★
財布　★★☆

潰すだけならできるでしょ。

虚無パイプリン

1 プッチンプリンに砕いたパイの実をのせる。

これは足し算じゃない。かけ算だ。

材料（1人分）
プッチンプリン…1こ(67g)
パイの実…2～3こ

虚無メーター
材料　★★☆
心　★★★
財布　★★☆

＋αアレンジ　牛乳プリンでもウマい

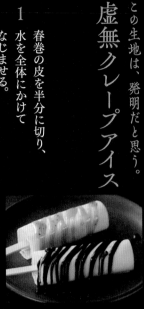

Column

虚無に満足できなくなったら

結局、虚無レシピは、料理の原点みたいなもの。

「オムライスとは、何をもってオムライスなのか」

みたいな、そんな哲学的な問いから、
最低限の素材で、料理の作り方を知る。

そんなロジックを知るためのレシピだと思ってみてほしい。

このロジックがわかれば、いろんな料理の味の作り方がわかるし、
アレンジの幅がぐっと広がる。

虚無レシピはある意味、「どこか欠けているレシピ」とも言える。
でも、欠けているからこそ、何を足しても自由だ。

虚無で満足できなくなったら、どう虚無じゃなくするか。

君たち次第だ。

YouTube 動画一覧

虚無フレンチトースト

coming soon

虚無クレープアイス

coming soon

虚無パイプリン

おわりに

僕のレシピを見て、
自分やパートナー、家族のために作りました！　と
言っていただけることがあります。

そのとき、ありがたいことに「レシピがすごい！」と
お褒めいただくこともあるんですが、
そうじゃないんですよね。

すごいのは、「作ったあなた」です！

これだけコンビニや飲食店でおいしいものがいっぱいある中で、
それでも「自分で料理を作る」という選択。

加えて、仕事やら家事やらがあって、
趣味にも時間を使いたい。
そんな中でレシピを見て、実際に料理を作るという行動。

それってすごく大変なことだし、嬉しいことです。

貴重な時間を料理に割いてもらえるのであれば、
できるだけ手間をかけずに、
おいしいものを食べてほしい。

だしを一からとる、
みたいに「ちゃんとしなきゃ」の料理ではなく、
生活の一部として無理なく続けられること。
そのために、省けるところは省いて、
おいしく作りましょうよ。
そんな考え方が、
僕の料理研究家としてのベースにあります。

虚無レシピは、
いわばその集大成のようなレシピ集です。

「料理したことなかったけど、おいしく作れました！」

そんな声や支えがあるから、
僕は今日も料理ができています。

虚無になったら、いつでもこの本に戻ってきてください！

今日は虚無じゃない。

虚無おじさんこと、料理のおにいさん
リュウジ

リュウジ

料理研究家。TV・漫画のレシピ監修や、食品メーカー、大手スーパーマーケット等とのタイアップによるレシピ開発、自治体での講演も多数手がける。「今日食べたいものを今日作る！」をコンセプトに、Twitter で日夜更新する「簡単・爆速レシピ」が話題を集め、SNS 総フォロワー数は約 880 万人。料理動画を公開している YouTube はチャンネル登録者数 400 万人を超える。著書は累計 145 万部を突破。「料理レシピ本大賞 in Japan」で大賞を受賞した『リュウジ式至高のレシピ』（ライツ社）などがある。

YouTube：料理研究家リュウジのバズレシピ
Twitter：@ore825
Instagram：@ryuji_foodlabo
TikTok：@ryuji_tiktok_

虚無レシピ

2023 年 9 月 7 日　初版発行
2023 年 9 月 22 日　第 2 刷発行（累計 6 万 2 千部）

著 者　リュウジ

デザイン　井上新八
写真　三輪友紀
スタイリング　露木藍
調理アシスタント　双松桃子（@momosan0627）
撮影協力　ちょも・たかお・たつや
DTP　エヴリ・シンク

営業　二瓶義基（サンクチュアリ出版）
広報　岩田梨恵子・南澤香織（サンクチュアリ出版）
制作　成田夕子（サンクチュアリ出版）
編集　大川美帆（サンクチュアリ出版）
編集協力　松本幸樹・小川裕子

発行者　鶴巻謙介
発行・発売　サンクチュアリ出版
〒 113-0023 東京都文京区向丘 2-14-9
TEL:03-5834-2507 FAX:03-5834-2508
https://www.sanctuarybooks.jp/
info@sanctuarybooks.jp

印刷・製本　株式会社シナノパブリッシングプレス